BUZZ

© 2021, Sivers Inc.
© 2024, Buzz Editora

Publicado mediante acordo com Sivers, Inc. em conjunto com 2 Seas Literary Agency e Villas-Boas & Moss Agência e Consultoria Literária.

Título original: *Anything You Want: 40 Lessons for a New Kind of Entrepreneur*

Publisher ANDERSON CAVALCANTE
Editora TAMIRES VON ATZINGEN
Editores-assistentes FERNANDA FELIX, LETÍCIA SARACINI,
  ÉRIKA TAMASHIRO e NESTOR TURANO JR.
Preparação ELIANA MOURA
Revisão LIGIA ALVES e PAULA QUEIROZ
Projeto gráfico ESTÚDIO GRIFO
Assistente de design LETÍCIA ZANFOLIM

Nesta edição, respeitou-se o novo
Acordo Ortográfico da Língua Portuguesa.

Dados Internacionais de Catalogação na Publicação (CIP)
(Câmara Brasileira do Livro, SP, Brasil)

Sivers, Derek
Abrace o senso (in)comum: Ideias para
empreendedores revolucionários / Derek Sivers
Tradução: Cristiane Maruyama
São Paulo, Buzz Editora, 2024

Título original: *Anything You Want:*
40 Lessons for a New Kind of Entrepreneur

ISBN 978-65-5393-246-3

1. Economia 2. Empreendedorismo 3. Gestão de negócios
4. Sucesso nos negócios I. Maruyama, Cristiane II. Título.

23-167960   CDD -658.421

Índice para catálogo sistemático:
1. Empreendedorismo: Administração de empresas 658.421
Aline Graziele Benitez, Bibliotecária, CRB - 1/3129

Todos os direitos reservados à:
Buzz Editora Ltda.
Av. Paulista, 726, Mezanino
CEP 01310-100, São Paulo, SP
[55 11] 4171 2317
www.buzzeditora.com.br

DEREK SIVERS
ABRACE O SENSO (IN)COMUM

IDEIAS PARA EMPREENDEDORES REVOLUCIONÁRIOS

Tradução CRISTIANE MARUYAMA

Inteiramente dedicado a Seth Godin.
Este livro só existe porque foi um pedido dele.

DEZ ANOS DE EXPERIÊNCIA EM UMA HORA

De 1998 a 2008, passei pela experiência maluca de começar um pequeno hobby, transformá-lo acidentalmente em um grande negócio e depois vendê-lo por 22 milhões de dólares. E então agora as pessoas querem ouvir o que eu penso.

Sempre me perguntam sobre aquela experiência, então eu conto histórias de como as coisas aconteceram para mim. Muitas delas falam sobre tudo o que fiz de errado. E cometi alguns erros terríveis.

As pessoas me pedem conselhos sobre situações que acontecem nas suas vidas ou nos seus negócios, e explico o que eu faria. Mas minha abordagem é apenas uma dentre tantas, e eu poderia argumentar contra ela também.

Não estou sugerindo de verdade que alguém seja como eu. Sou bastante incomum, então o que funciona para mim pode não funcionar para os outros. Mas muitas pessoas acharam que valia a pena compartilhar as histórias e filosofias que desenvolvi a partir daquela experiência, então cá estamos.

Aqui está a maior parte do que aprendi em dez anos, compactado em algo que você pode ler em uma hora.

Espero que essas ideias sejam úteis para a sua própria vida ou para o seu negócio. Também espero que você discorde de algumas delas. Espero ainda que você me mande um e-mail para me contar qual é o seu ponto de vista, porque essa é a minha parte favorita de todas.

(Sou um aluno, não um guru.)

QUAL O SEU NORTE?

A maior parte das pessoas não sabe por que faz o que está fazendo. Imitam os outros, acompanham o fluxo e seguem por caminhos sem traçar o próprio.

Passam décadas perseguindo uma coisa que alguém as convenceu de que deveriam querer, sem perceber que isso não as fará felizes.

Não se veja no seu leito de morte algum dia tendo desperdiçado sua única chance na vida, cheio de arrependimento porque perseguiu pequenas distrações em vez de grandes sonhos.

Você precisa conhecer sua filosofia pessoal sobre o que o faz feliz e o que vale a pena realizar.

Nas histórias a seguir, você vai notar alguns temas comuns. Elas são a filosofia que desenvolvi com base nos dez anos que passei entre abrir e desenvolver um pequeno negócio:

- Ser dono de um negócio não tem a ver com dinheiro. Tem a ver com realizar sonhos para os outros e para si mesmo.
- Abrir uma empresa é uma ótima maneira de melhorar o mundo enquanto melhora a si mesmo.
- Quando cria uma empresa, você cria uma utopia. É nela que você projeta o seu mundo perfeito.
- Nunca faça nada somente pelo dinheiro.

- Não tenha um negócio exclusivamente para seu próprio benefício. Atenda aos pedidos de ajuda.
- O sucesso vem de se desenvolver e se inventar com persistência, não de promover persistentemente o que não está dando certo.
- Seu plano de negócios é uma coisa passível de discussão. Você não sabe o que as pessoas querem de verdade até começar a fazê-lo.
- Começar sem dinheiro é uma vantagem. Você não precisa de dinheiro para começar a ajudar as pessoas.
- Você não pode agradar todo mundo, então exclua as pessoas sem medo.
- Torne-se desnecessário para o funcionamento do seu negócio.
- O verdadeiro objetivo de fazer qualquer coisa é ser feliz, então só faça o que o deixa assim.

O que essas declarações significam? Qual o contexto? Como você deve aplicá-las à sua própria situação?

Bem... Não gosto de falar de mim, mas, para que essas lições façam sentido, preciso contar a minha história.

APENAS VENDENDO MEU CD

Esta história começa em 1997. Eu tinha 27 anos e era músico profissional. Ganhava a vida tocando em tempo integral – fazendo muitos shows nos Estados Unidos e na Europa, produzindo álbuns, tocando em discos de outras pessoas e gerenciando um pequeno estúdio de gravação. Eu era até o músico e mestre de cerimônia de um circo.

Minha conta bancária tinha pouco dinheiro, mas nunca ficava zerada. Ganhei dinheiro suficiente para comprar uma casa em Woodstock, Nova York. Estava vivendo o sonho de um músico.

Fiz um CD com as minhas músicas e vendi mil e quinhentas cópias nos meus shows. Eu queria vender na internet, mas não existiam empresas que vendessem música independente on-line. Nenhuma. Liguei para as grandes lojas virtuais de discos e todas me disseram a mesma coisa: o único jeito de colocar o meu CD nas suas lojas on-line era por intermédio de uma grande distribuidora.

A distribuição de música era uma coisa terrível. Conseguir fechar um acordo de distribuição era tão difícil quanto conseguir um contrato de gravação. As distribuidoras eram conhecidas por sempre pegar milhares de CDs e pagá-los a você um ano depois, se pagassem. Gravadoras cheias de dinheiro bancavam a divulgação, e o resto de nós ficava a ver navios. Se você não vendesse bem nos primeiros meses, era expulso do sistema.

Não é que as distribuidoras fossem do mal. Era o sistema que funcionava desse jeito horroroso, e eu não queria me envolver com ele.

Então, quando as grandes lojas de discos da internet me disseram que não podiam vender meu CD, pensei: "Ah, que se dane. Vou montar minha própria loja virtual. Não pode ser tão difícil assim".

Mas foi difícil! Em 1997 o PayPal não existia, então fui obrigado a abrir uma conta de vendedor com cartão de crédito, que custou mil dólares em taxas de instalação e três meses de burocracia. O banco ainda teve que enviar um inspetor à minha casa para verificar se era um negócio real. Então precisei descobrir como criar um carrinho de compras. Eu não sabia nada de programação, mas copiei alguns exemplos de um livro, no método de tentativa e erro.

Depois de tudo, finalmente eu tinha um botão "Compre agora" no meu site! Em 1997, isso era um feito e tanto.

Quando contei aos meus amigos músicos sobre o botão "Compre agora", um deles perguntou: "Você poderia vender o meu CD também?".

Fiquei pensando por um minuto e respondi: "Claro. Sem problemas". Fiz isso como um favor. Levei algumas horas para adicioná-lo ao sistema. Fiz uma página separada para o CD dele no site da minha banda.

Então, dois outros amigos perguntaram se eu poderia vender os CDs deles. Comecei a receber ligações de estranhos dizendo: "Meu amigo Dave disse que você poderia vender o meu CD". Ligações e e-mails não paravam de chegar. Eu disse sim para todo mundo.

Dois líderes populares da música on-line anunciaram o serviço em seus mailings de mala-direta. (Bryan Baker, da revista *Gajoob,* e David Hooper. Obrigado, meninos!) Mais cinquenta músicos se inscreveram.

Era para ser só um favor para alguns amigos. Hum...

TORNE O SONHO REALIDADE

Vender os CDs dos meus amigos estava começando a tomar muito do meu tempo. Eu percebi que, sem querer, tinha começado um negócio. Mas eu não queria isso! Já estava vivendo a vida dos meus sonhos como músico em tempo integral. Não queria nada que me absorvesse tanto. Então, eu pensei que, adotando uma abordagem irrealista e utópica, poderia evitar que o negócio crescesse demais. Em vez de tentar torná-lo grande, eu o faria pequeno. Era o oposto da ambição, então precisei pensar de um jeito que fosse o oposto do jeito ambicioso.

Redigi um contrato de distribuição utópico, que era o meu sonho de músico. **Em um mundo perfeito**, minha distribuidora:

1. Me pagaria semanalmente.
2. Mostraria para mim o nome completo e o endereço de todos que comprassem o meu CD. (Porque são meus fãs, não fãs da distribuidora.)
3. Nunca me expulsaria por não vender o suficiente. (Mesmo que eu vendesse um CD a cada cinco anos, o estoque estaria disponível para alguém comprar.)
4. Nunca permitiria o uso de posicionamento pago. (Porque não é justo com quem não pode pagar.)

É isso! Essa era a minha missão. Gostei. Foi um passatempo digno. Escolhi o nome "CD Baby" e coloquei os álbuns dos meus amigos lá.

Esses quatro itens eram uma espécie de declaração de missão. Publiquei-os no site, falei sobre eles em todas as reuniões e fiz questão de que todos com quem trabalhei os conhecessem.

A questão é que eu não estava tentando fazer um grande negócio. Só estava sonhando com a configuração dessa lojinha virtual em um mundo perfeito.

Quando você cria um negócio, cria um pequeno universo onde controla todas as leis. **É a sua utopia.**

Quando você realiza um sonho para si mesmo, ele será um sonho para outra pessoa também.

UM MODELO DE NEGÓCIO COM APENAS DOIS NÚMEROS

Como a maioria das pessoas, eu não tinha ideia de quanto cobrar.

Então fui à loja de discos em Woodstock, onde havia alguns CDs de músicos locais no balcão. Perguntei à mulher da loja: "Como funciona se eu vender meu CD aqui?".

Ela disse: "Você define o preço de venda como quiser. Nós mantemos uma comissão fixa de 4 dólares. E pagamos a você todas as semanas".

Então fui para casa e escrevi no meu novo site, cdbaby.com: "Você define o preço de venda como quiser. Nós mantemos uma comissão fixa de 4 dólares. E pagamos a você todas as semanas".

Eu achei que, se funcionava para a mulher da loja, estava bom para mim.

Como eu estava levando cerca de 45 minutos para adicionar um novo álbum ao site, também tive que cobrar 25 dólares por álbum como compensação pelo meu tempo. (Isso mostra o quanto eu achava que o meu tempo valia naquela época.) Alguns dias depois, percebi que 35 dólares pareciam o mesmo que 25, então aumentei para 35 dólares por álbum, o que me deixou margem para dar descontos e ainda lucrar.

E é isso! Seis anos e 10 milhões de dólares depois, esses mesmos dois números eram a única fonte de receita da empresa: uma taxa de instalação de 35 dólares e uma comissão de 4 dólares por CD vendido.

Um plano de negócio nunca deve levar mais do que algumas horas de trabalho. De preferência, não mais do que alguns minutos. Os melhores planos começam de um jeito simples. Uma rápida olhada e bom senso devem dizer se os números vão funcionar. O resto são detalhes.

ISTO NÃO É NENHUMA REVOLUÇÃO

Cinco anos depois que comecei a CD Baby, quando a distribuidora já era um grande sucesso, saiu na mídia que eu tinha revolucionado o mercado da música.

Mas "revolução" é um termo que usam quando você é bem-sucedido. Antes disso, você é só uma pessoa excêntrica que faz as coisas de um jeito diferente.

As pessoas acham que a revolução precisa envolver bravatas, punhos para cima e derramamento de sangue.

Mas, se você acha que o amor verdadeiro se parece com Romeu e Julieta, vai ignorar um ótimo relacionamento que cresce lentamente.

Se você acha que o propósito da sua vida precisa atingir você como um raio, vai ignorar as pequenas coisas do cotidiano que o fascinam.

Se você acha que revolução tem que parecer uma guerra, vai ignorar a importância de simplesmente servir melhor às pessoas.

Quando você está no meio de uma coisa maravilhosa, não parece uma revolução. Parece o senso incomum.

SE NÃO FOR UM SUCESSO, MUDE

Pela primeira vez na minha vida, eu tinha feito uma coisa que as pessoas realmente queriam.

Antes disso, eu havia passado doze anos tentando impulsionar meus vários projetos. Tentando todas as abordagens de marketing. Fiz networking, discurso de vendedor, marketing direto. Sempre parecia uma batalha difícil, como tentar abrir portas trancadas ou bater sem ter resposta. Fiz alguns progressos, mas sempre depois de um esforço enorme.

Mas agora... Uau! Era como se eu tivesse escrito uma música de sucesso. Um compositor pode escrever cem canções; então, de repente, uma delas ressoa nas pessoas e se torna um sucesso. Quem pode saber o motivo? Não é que a música seja necessariamente melhor. Mas, por alguma circunstância aleatória ou por uma combinação mágica de ingredientes, as pessoas adoram.

Depois que você lança esse hit, de repente todas as portas se abrem. As pessoas amam tanto esse sucesso que a música parece se promover por conta própria. Em vez de tentar criar uma oportunidade, você começa a gerenciar a enorme demanda.

Então, qual é a lição aprendida aqui?

Todos nós já ouvimos falar sobre a importância da persistência. Mas eu tinha entendido errado.

O sucesso vem de melhorar e produzir com persistência, não de persistentemente continuar fazendo o que não está dando certo.

Todos nós temos muitas ideias, criações e projetos. Quando você apresenta um deles ao mundo e a coisa não se torna um sucesso, não fique forçando. Em vez disso, volte a desenvolver e a reinventar seu projeto.

Apresente ao mundo cada nova ideia ou melhoria. Se várias pessoas estiverem dizendo: "Uau! Sim! Eu preciso disso! Vou ter o maior prazer em te pagar para fazer isso!", então você provavelmente deveria fazer. Mas, **se a resposta for menos entusiasta do que essa, não persiga a sua ideia**.

Não perca anos travando batalhas difíceis contra portas trancadas. Melhore ou crie alguma coisa até obter essa grande resposta.

NÃO-SIM. OU *HELL YEAH!* OU NÃO

Use esta regra se estiver muito comprometido ou muito disperso.

Se você não disser "HELL YEAH!" sobre alguma coisa, diga não.

Quando estiver decidindo se deve ou não fazer algo, se você sentir qualquer coisa menos do que "Uau! Que incrível! Com certeza! Isso aí!"... então diga não.

Quando você diz não para a maioria das coisas, deixa espaço na sua vida para se jogar de verdade naquela coisa rara que te faz dizer "HELL YEAH!".

Para cada evento para o qual você é convidado. Para cada solicitação para iniciar um novo projeto. Se você não disser "HELL YEAH!" sobre essas coisas, diga não.

Todos nós somos ocupados. Todos nós já assumimos muita coisa. Dizer sim para menos coisas é a saída.

NÃO PER
TRAVANDO
DIFÍCEIS
PORTAS T

CA ANOS
BATALHAS
CONTRA
ANCADAS

DO NADA, MEU PLANO MUDOU COMPLETAMENTE

Quando comecei a CD Baby, pensei que fosse apenas um serviço de processamento de cartão de crédito.

Era para ser um site que os músicos usariam para dizer: "Compre o meu CD aqui". Clique para comprar, digite os dados do seu cartão e volte ao site do músico. Mais ou menos como o PayPal, mas isso foi dois anos antes de o PayPal ser inventado.

No dia em que lancei o cdbaby.com, meu segundo cliente era um cara da Holanda. Uma semana depois, ele mandou um e-mail para perguntar: "Algum novo lançamento?".

Novos lançamentos? Não entendi. Perguntei por que ele queria saber quais novas pessoas estavam usando o meu serviço para passar o cartão de crédito.

Ele respondeu: "Ah, desculpe. Achei que fosse uma loja".

Uma loja? Ah! Interessante... Ele acha que eu sou uma loja! Eu não tinha pensado nisso. Talvez, se eu montasse o meu negócio como uma loja, eu pudesse na verdade fazer um grande favor aos meus amigos levando outras pessoas a comprarem suas músicas também.

E, do nada, o meu plano mudou completamente.

Cinco anos depois, a Apple nos pediu para ser uma distribuidora digital. Eu não tinha pensado nisso. Mas eu disse: "Tudo bem".

E, do nada, meu plano mudou completamente outra vez.

Sempre que você achar que sabe o que o seu novo negócio vai fazer, lembre-se: **Nenhum plano sobrevive ao primeiro contato com o cliente.**

A VANTAGEM DE NÃO TER UM FINANCIAMENTO

Não ter um financiamento foi uma grande vantagem para mim.

Um ano depois de começar a CD Baby, aconteceu o *boom* das pontocom. Qualquer pessoa com um pouco de lábia e um plano vago recebia milhões de dólares de investidores. Foi ridículo.

A maioria dos empresários que eu conhecia falava sobre seus negócios comentando sobre sua segunda rodada de financiamento, seu sofisticado servidor de banco de dados de balanceamento de carga replicado e criptografado, sua equipe de desenvolvimento de vinte pessoas, seu agradável escritório no centro da cidade com uma mesa de bilhar e seus happy hours semanais. Quando você perguntava o que o negócio fazia, eles não conseguiam explicar com clareza.

Em seguida, falavam sobre LOI, ROI, NDAs, IPOs e todo tipo de coisa que também não tinha nada a ver com realmente ajudar as pessoas.

Fico tão feliz por não ter tido investidores. Eu não precisava agradar ninguém além dos meus clientes e a mim mesmo. Não fazia nenhum esforço a não ser pelos meus clientes.

Eu recebia ligações semanais de empresas de investimento querendo injetar dinheiro na CD Baby. Minha resposta imediata sempre era "Não, obrigado".

Eles diziam: "Você não quer expandir?".

Eu respondia: "Não. Quero que o meu negócio seja menor, não maior".

Isso sempre encerrava a conversa.

Quando não tem dinheiro para desperdiçar, você nunca o desperdiça.

Sem poder pagar um programador, fui à livraria e comprei um livro de 25 dólares sobre programação PHP e MySQL. Então sentei e aprendi, sem nenhuma experiência em programação. A necessidade é a mãe da criatividade.

Mesmo anos depois, os escritórios eram apenas tábuas de madeira sobre blocos de concreto de uma loja de material de construção. Eu mesmo montei os computadores com peças de informática. Meus amigos bem financiados gastavam 100 mil dólares para comprar coisas que eu mesmo fazia por mil dólares. Eles agiam desse jeito dizendo "Precisamos do melhor", mas aquelas aquisições não melhoravam nada para os clientes deles.

Nunca esqueça que absolutamente tudo o que você faz é para os seus clientes. Tome todas as decisões – até mesmo sobre expandir o negócio, captar dinheiro ou promover alguém – de acordo com o que for melhor para os seus clientes.

Se não tiver certeza sobre o que priorizar, basta perguntar aos seus clientes: "Como posso ajudá-los ainda mais agora?". E depois se concentre em satisfazer esses pedidos.

Nenhum dos seus clientes vai pedir que você se concentre na expansão. Eles querem que você mantenha sua atenção focada neles.

30

É contraintuitivo, mas a melhor maneira de expandir seus negócios é **se concentrar inteiramente nos clientes que você já tem**. Simplesmente os deixe extremamente felizes e eles vão falar sobre isso para todo mundo.

COMECE AGORA.
VOCÊ NÃO PRECISA DE FINANCIAMENTO

Cuidado quando alguém (incluindo você) diz que quer fazer alguma coisa grande, mas só depois que conseguir o dinheiro.

Isso geralmente significa que essa pessoa está mais apaixonada pela ideia de ser ultramegagrande do que pela ideia de fazer alguma coisa útil de verdade. Para uma ideia ficar ultramegagrande, ela tem que ser útil. E, para isso, você não precisa de financiamento.

Se você quer ser útil, sempre pode começar agora mesmo, com 1% do que tem na sua grande ideia de negócio. Vai ser um protótipo humilde da sua ideia, mas você estará no jogo. **Você vai estar na frente dos outros, porque começou pra valer**, enquanto eles esperam que a linha de chegada apareça magicamente na linha de partida.

Por exemplo, digamos que você tenha a ideia de criar uma cadeia internacional de escolas eruditas modernas. Você a imagina como uma organização enorme que muda o mundo, com centenas de funcionários, dezenas de escritórios e tecnologia cara. Mas, em vez de esperar por isso, comece ensinando algo a alguém nesta semana. Encontre alguém que pague para aprender alguma coisa, marque com essa pessoa em qualquer lugar e comece. Não será nada além de você, um aluno e um caderno, mas você estará no negócio e poderá crescer a partir daí.

Se deseja criar um serviço de recomendação de filmes, comece dizendo aos amigos para ligarem para você pedindo dicas. Quando encontrar um filme do qual seus amigos gostem, eles vão pagar uma bebida para você. Acompanhe os filmes que você recomendou e os motivos pelos quais seus amigos gostaram dele, e se aperfeiçoe a partir daí.

Quer abrir uma companhia aérea? Da próxima vez que estiver no aeroporto, quando um voo for cancelado, ofereça a todo mundo que estiver no portão de embarque o aluguel de um avião pequeno para voar até o destino deles, se toparem dividir os custos. Foi assim que Richard Branson fundou a Virgin Airlines.

Começar pequeno coloca 100% da sua energia na resolução de problemas reais para pessoas reais. Isso lhe dá uma base mais forte para crescer. Elimina as dificuldades de obter uma grande infraestrutura e vai direto ao ponto. E permite que você altere o seu plano rapidamente, pois você estará trabalhando em estreita colaboração com os primeiros clientes, que lhe informarão sobre o que eles realmente precisam.

Como eu já havia construído um site para o meu próprio CD, a primeira versão do cdbaby.com levou apenas alguns dias para ser desenvolvida e não tinha quase nada. Era uma lista com alguns CDs, cada um com um botão virtual [COMPRE AGORA]. Clicar nele colocava o CD no carrinho e levava a uma página que solicitava o preenchimento dos seus dados. Quando você inseria suas informações, o site as enviava por e-mail para mim.

É isso. No primeiro ano, isso foi tudo o que o site fez e tudo de que precisava para se tornar lucrativo.

Gastei apenas 500 dólares para iniciar a CD Baby. No primeiro mês, tirei 300 dólares de lucro. Mas no segundo mês ganhei 700 dólares, e o site seguiu sendo lucrativo nos meses seguintes.

Portanto, não, sua ideia não precisa de financiamento para começar. Você também não precisa de um MBA, de um grande cliente específico, da aprovação de determinada pessoa, de um golpe de sorte ou de qualquer outra desculpa manjada para não começar.

VOCÊ VA
FRENTE DO
PORQUE
PRA

STAR NA
S OUTROS,
OMEÇOU
LER

O MODELO DE NEGÓCIO COOPERATIVO: COMPARTILHE O QUE VOCÊ TEM

O único negócio que já empreendi foi no modelo cooperação/compartilhamento. Assim:

1. Você tem uma coisa que as pessoas querem. Pode ser algo que você possui, algo que aprendeu a fazer ou o acesso a recursos, espaços ou pessoas.
2. Encontre uma maneira de compartilhar isso com todo mundo que precisa. Não necessariamente para lucrar, mas só porque você faria isso pelos seus amigos e é a coisa certa a fazer.
3. Se for necessário algum esforço para compartilhar, cobre um pouco, para garantir que a doação possa continuar.

Meus exemplos:

Formulários de direitos autorais: em 1994, o escritório de direitos autorais dos Estados Unidos ainda não disponibilizava os formulários de direitos autorais na internet. Para obter os direitos autorais da sua música, você precisava mandar uma carta para Washington pedindo que enviassem os formulários em branco. Então digitalizei os arquivos e os coloquei no meu site para serem baixados gratuitamente. Nos dois anos seguintes, meu site foi o único lugar no qual se podia obter esses formulários na internet.

Instruções de marca registrada: em 1995, aprendi a registrar o nome da minha banda. Foram muitas horas de trabalho para me entender com o "juridiquês", mas eu consegui. Escrevi as instruções passo a passo e as coloquei no site da minha banda para acesso gratuito. Durante anos, foi uma referência para músicos que queriam registrar seu nome artístico.

Códigos de barras UPC: em 1996, eu tinha uma pequena gravadora, então criei uma conta de código de barras UPC, que me permitia colocar códigos exclusivos em meus CDs. Tive que pagar 750 dólares à Universal Code Council para obter uma conta empresarial, mas isso significava que eu tinha permissão para criar 100 mil produtos na minha conta. Amigos músicos me pediram ajuda, então mostrei a eles como fazer, mas também disse que eles poderiam usar um dos meus. No começo eu fazia isso de graça, como um favor, até que os amigos começaram a indicar meu serviço para outras pessoas. Como dava algum trabalho gerar o número, criar o código de barras e manter os registros, eu cobrava 20 dólares. Nos doze anos seguintes, isso me rendeu cerca de 2 milhões de dólares.

CD Baby: em 1997, compartilhar o cartão de crédito da minha conta comercial levou à CD Baby. Nos doze anos seguintes, isso me rendeu cerca de 20 milhões de dólares.

Hospedagem na internet: em 1999, aprendi muito sobre hospedagem de sites. Linux, Apache, PHP, SQL, FTP, DNS, SMTP etc. Fiz isso nos meus próprios sites e comprei meus próprios servidores. Portanto, quando os amigos reclamavam da empresa de hospedagem na internet, eu os hospedava nos meus servidores. A princípio fiz isso de graça, como um favor, até que o meu servidor ficou sobrecarregado. Como cada servidor custava 300 dólares por mês, eu cobrava 20 dólares como mensalidade pela hospedagem virtual. Nos nove anos seguintes, isso me rendeu cerca de 5 milhões de dólares.

Nenhuma dessas coisas parecia um empreendimento comercial no início. Em todas elas eu estava **apenas compartilhando algo que já tinha**.

Muitas vezes as pessoas me perguntam se eu tenho alguma sugestão sobre o tipo de negócio em que elas deveriam entrar. E eu faço a única recomendação que sei fazer:

Comece compartilhando o que você tem.

AS IDEIAS SÃO APENAS UM MULTIPLICADOR DA EXECUÇÃO

Acho tão engraçado quando ouço as pessoas protegendo suas ideias. Elas querem que eu assine um acordo de confidencialidade para, só então, me contar a ideia mais simples.

Para mim, as ideias não valem nada a menos que sejam executadas. São apenas um multiplicador. A execução vale milhões. Veja:

IDEIA INCRÍVEL = −1

IDEIA FRACA = 1

IDEIA MAIS OU MENOS = 5

IDEIA BOA = 10

IDEIA ÓTIMA = 15

IDEIA BRILHANTE = 20

SEM EXECUÇÃO = 1 dólar

EXECUÇÃO FRACA = 1.000 dólares

EXECUÇÃO MAIS OU MENOS = 10.000 dólares

EXECUÇÃO BOA = 100.000 dólares

EXECUÇÃO GRANDE = 1.000.000 dólares

EXECUÇÃO BRILHANTE = 10.000.000 dólares

Para ter um negócio, você precisa multiplicar a ideia e a execução.

A ideia mais brilhante, sem execução, vale 20 dólares.

A ideia mais brilhante requer uma grande execução para valer 20 milhões de dólares.

É por isso que eu não quero ouvir as ideias das pessoas. Só fico interessado depois que vejo sua execução.

AS FORMALIDADES BRINCAM COM O MEDO. RECUSE CORAJOSAMENTE

Um ano depois de criar a CD Baby, quando tudo ia muito bem, recebi um telefonema de um amigo que estava montando seu próprio negócio na internet.

Ele disse: "Você tem algum conselho sobre como fazer nossos Termos e Condições e Política de Privacidade no site? Que advogado você usou para isso?".

Respondi: "Oi? Eu não tenho nada dessa papelada jurídica. Nunca contratei um advogado".

Chocado, ele respondeu: "Que loucura! E se um garoto comprar um CD de você e depois se matar? E se você for processado por isso?".

Eu disse: "Se isso acontecesse, nenhuma nota de rodapé estúpida iria me proteger. Só vou me preocupar se isso acontecer".

Você tem paixão pelas páginas "Termos e Condições" e "Política de Privacidade" dos outros sites? Já chegou a ler alguma? Se não, então por que colocaria esse lixo no seu site.

Depois que a CD Baby cresceu para cinquenta funcionários, todas as empresas de serviços business-to-business (B2B) começaram a me falar que eu precisava de um plano oficial de revisão de carreira, treinamento de sensibilidade, postagens de "Termos e Condições" e toda essa porcaria corporativa.

Tive a imensa alegria de dizer não a tudo isso.

Nunca esqueça de que existem milhares de negócios, como a "Loja de iscas de peixe do Jim" em uma barraca na praia em algum lugar, que estão indo muito bem sem as formalidades empresariais.

À medida que o seu negócio cresce, nunca deixe que os sanguessugas grudem em você, convencendo-o a fazer tudo que eles fingem que você precisa.

Eles vão brincar com seus medos, dizendo que você precisa disso e daquilo para se proteger de um processo. Eles vão te assustar com os piores cenários. Mas são meras táticas de vendas. **Você não precisa de nada disso**.

A FORÇA DE MUITOS PEQUENOS CLIENTES

Muitos pequenos empreendedores pensam:
"Se conseguíssemos a Apple, o Google ou o governo como cliente, estaríamos feitos!".

As empresas de software costumam fazer isso. Elas esperam criar alguma tecnologia que uma grande empresa queira incorporar em cada produto ou instalar na mesa de cada funcionário.

Mas essa abordagem tem muitos problemas:

• Você é obrigado a customizar seu produto para agradar poucas e específicas pessoas.
• Essas pessoas podem mudar de ideia ou sair da empresa.
• Para quem você está trabalhando, na verdade? Você trabalha por conta própria ou esse cliente é seu chefe?
• Se você conseguir esse grande cliente, ele vai virar praticamente o seu dono.
• Quando se esforça muito para agradar o grande cliente, você perde o contato com o que o resto do mundo quer.

Em vez disso, imagine se você projetasse o seu negócio **não para ter grandes clientes, e, sim, muitos pequenos clientes.**

• Você não precisa mudar o que faz para agradar um cliente – agrade a maioria (ou você mesmo).

- Se um cliente precisar sair, tudo bem. Você pode desejar felicidades sinceramente.
- Como nenhum cliente pode exigir que você faça o que ele manda, você é o seu próprio patrão. Apenas mantenha os clientes em geral satisfeitos.
- Você ouve centenas de opiniões de pessoas e mantém contato com o que a maioria delas deseja.

Grande parte do negócio da música é, na verdade, o negócio das estrelas de música – pessoas que esperam surfar na fama de um grande ídolo. Mas eu não queria ter nada a ver com isso, pelos mesmos motivos.

Quando você constrói o seu negócio para atender milhares de clientes, não dezenas, não precisa se preocupar com a saída de nenhum consumidor ou com demandas especiais. Se a maioria dos clientes ama o que você faz e um não, você pode simplesmente dizer adeus a esse indivíduo e desejar o melhor para ele, sem ressentimentos.

EXCLUA AS PESSOAS SEM DÓ

Você sabe que não pode agradar todo mundo, certo?

Mas perceba que a maioria das empresas tenta ser tudo para todos. E elas se perguntam por que não conseguem chamar a atenção das pessoas!

Você precisa excluir as pessoas com segurança e dizer orgulhosamente o que você não é. Ao fazer isso, vai conquistar o coração das pessoas que você deseja.

Quando a CD Baby se tornou popular, eu recebia ligações de gravadoras querendo apresentar seus artistas mais novos e promissores no nosso site.

Eu dizia: "Não. Eles não podem entrar aqui".

Os caras das gravadoras diziam: "Hein? Como assim 'não podem entrar'? Você é uma loja de discos! Nós somos uma gravadora".

Eu respondia: "Você pode vender em qualquer outro lugar. Este é um lugar só para artistas independentes: músicos que optaram por não ceder seus direitos a uma empresa. Para garantir que esses músicos tenham a máxima exposição que merecem, as práticas das grandes gravadoras não são permitidas".

É um mundo grande. Você pode deixar de fora 99% dele.

Tenha a confiança de saber que, quando 1% do seu público-alvo ouvir você excluindo os outros 99%, as pessoas desse 1% virão, porque **você mostrou que as valoriza**.

49

POR QUE NÃO USAR PUBLICIDADE?

Recebi um telefonema de um vendedor de publicidade, dizendo que gostaria de colocar anúncios em banners na parte superior e inferior do cdbaby.com.

E respondi: "De jeito nenhum. Nem pensar. Seria como colocar uma máquina de Coca-Cola em um mosteiro. O meu objetivo aqui não é ganhar dinheiro".

Ele perguntou: "Mas você é um empresário. Como assim 'o seu objetivo não é ganhar dinheiro'?".

E respondi: "Só estou tentando ajudar os músicos. A CD Baby tem que cobrar para se sustentar, mas o dinheiro não é o principal. **Não faço nada pelo dinheiro**".

Isso remonta ao ideal utópico do mundo perfeito relativo ao motivo de estarmos fazendo o que estamos fazendo em primeiro lugar.

Em um mundo perfeito, o seu site estaria lotado de publicidade?

Quando você pergunta aos seus clientes o que tornaria o seu serviço melhor, alguém já respondeu: "Por favor, encha o seu site com mais publicidade"?.

Não. Então, não faça isso.

SE APENAS 1% DESSAS PESSOAS...

Um músico encomendou 10 mil cópias do seu CD, antecipando 10 mil pedidos que certamente chegariam naquela semana.

Ele tinha comprado um anúncio de um quarto de página na contracapa de uma revista com tiragem de 1 milhão de exemplares.

Ele dizia o tempo todo: "Se apenas 1% das pessoas que leem essa revista comprarem o meu CD, serão 10 mil cópias! E seria apenas 1%!".

Ele comprou 10 mil envelopes acolchoados e selos. E converteu sua garagem em um grande centro de correspondência.

E não parava de dizer: "Talvez consigamos uns 10%! Serão 100 mil! Bom, na *pior* das hipóteses – mesmo que seja apenas 1% –, ainda serão 10 mil!".

A edição da revista saiu e... nada. O músico comprou um exemplar. Lá estava o anúncio dele. Mas os pedidos não chegavam! Alguma coisa estava errada? Não. Ele testou. Tudo estava funcionando.

Nas semanas seguintes, ele recebeu **quatro** pedidos. Sim, o total de CDs vendidos foi quatro.

Ele esqueceu que havia um número menor que 1%.

Penso nisso toda vez que ouço planos de negócios que dizem: "Com mais de 10 bilhões de iPhones vendidos, nosso aplicativo com certeza...".

ESTA É APENAS UMA DAS MUITAS OPÇÕES

Eu fazia aulas de canto com um grande professor chamado Warren Senders. Em toda aula, eu levava uma música na qual estava tentando melhorar. Primeiro eu cantava para ele do jeito que estava escrito. Então ele dizia: "Certo... agora suba uma oitava".

"Hum... uma oitava acima? Não consigo cantar tão alto!"

"Não tô nem aí! Faça mesmo assim! Vamos! 1... 2... 3... 4..."

Eu cantava a música inteira de novo, em falsete estridente, como um rato sufocado.

E daí ele dizia: "Tudo bem... agora desça uma oitava".

"Uma oitava abaixo? Acho que não consigo!"

"Não faz mal! Vamos! 1... 2... 3... 4..."

Eu parecia um triturador de lixo ou um cortador de grama, mas ele me fazia cantar a música inteira daquele jeito.

Depois ele me mandava cantar duas vezes mais rápido. Em seguida, duas vezes mais devagar. Depois eu tinha que cantar como Bob Dylan. E então como Tom Waits. E ele também me pedia para cantar como se fossem quatro da manhã e um amigo tivesse me acordado. E me sugeria muitos outros cenários.

Depois de tudo isso, o professor dizia: "Agora, como ficou aquela música mesmo?".

Essa era a prova de que o que eu pensava ser "o" jeito como a música devia ser era apenas uma de um número infinito de opções.

Anos depois, fiz um curso de empreendedorismo. Nós analisamos um plano de negócio para uma empresa de envio de meias-calças por correspondência. Como todos os planos de negócio, **aquele propunha um único caminho.**

Depois de ler tudo, tive vontade de dizer coisas que o meu antigo professor de canto teria dito:

"Certo... faça um plano que só exija mil dólares. Vamos!"

"Agora faça um plano para dez vezes mais clientes. Vamos!"

"Agora faça isso sem um site. Vamos!"

"Agora assuma que todas as suas suposições iniciais estão erradas e faça funcionar de qualquer maneira. Vamos!"

"Agora mostre como você criaria uma franquia. Vamos!"

Você não pode fingir que só existe uma maneira de fazer as coisas. Sua primeira ideia é apenas uma dentre muitas opções. **Nenhum negócio sai como planejado**, então faça dez planos radicalmente diferentes. Perceber que a escolha inicial que você fez foi apenas uma de muitas traz bastante sabedoria e percepção para o seu negócio.

O mesmo vale para o seu caminho atual na vida:

Agora você está morando em Nova York, obcecado pelo sucesso. Vamos!

Agora você é um espírito livre, viajando pela Tailândia. Vamos!

Agora você é extrovertido e confiante e todo mundo te ama. Vamos!

Agora você está casado e seus filhos são sua vida. Vamos!

Agora você passa alguns anos em relativa reclusão, lendo e caminhando. Vamos!

VOCÊ NÃO PRECISA DE UM PLANO OU DE UMA VISÃO

Você tem um grande plano-mestre visionário de como o mundo vai funcionar daqui a vinte anos? Você tem grandes ambições de revolucionar a indústria?

Não se sinta mal se não tiver. Eu nunca tive.

Um ano e meio depois de começar a CD Baby, éramos só eu e John, meu primeiro funcionário, tocando tudo de dentro da minha casa.

Uma noite eu decidi que deveria pensar mais no futuro em longo prazo daquela coisa. Sentei com meu diário por algumas horas de introspecção. Depois, escrevi um e-mail para John, que dizia assim:

"Acho que existe uma chance de isso ficar grande um dia, então é melhor a gente começar a se preparar agora. Quero dizer, algum dia nós podemos ter *mil* artistas. Podemos precisar de um terceiro funcionário! Podemos precisar de três computadores, e vamos ter que descobrir como colocá-los em rede. Podemos até precisar começar a guardar os CDs na garagem, pois pode ser que eles lotem a sala de estar. Sim, eu sei que estou pensando muito grande, mas acho que as coisas estão caminhando para isso."

Anos mais tarde, quando eu tinha cem mil artistas e 85 funcionários, John sempre dava boas risadas lembrando da carta que enviei a ele em 1999.

Os jornalistas perguntavam: "Qual é o seu objetivo de longo prazo?".

Eu respondia: "Não tenho. Superei meus objetivos há muito tempo. Só estou tentando ajudar os músicos com o que eles precisam hoje".

Então, por favor, não pense que precisa ter um grande horizonte. Simplesmente **mantenha o foco em ajudar as pessoas hoje**.

COMO VOCÊ SE AVALIA?

Todos nós nos classificamos segundo diferentes medidas:
Para algumas pessoas, é tão simples como a quantidade de dinheiro que elas ganham. Quando seu patrimônio líquido está subindo, elas sabem que estão indo bem.
Para outras, tem a ver com quanto dinheiro elas dão.
Para algumas pessoas, tem a ver com quantas vidas elas podem influenciar para melhor.
Para outras, tem a ver com quão profundamente elas podem influenciar a vida de apenas algumas pessoas.
Para mim, tem a ver com quantas coisas úteis eu crio, por exemplo, músicas, empresas, artigos, sites ou qualquer outra coisa. Se eu criar uma coisa que não seja útil para os outros, não conta. Mas também não estou interessado em fazer nada útil se não precisar da minha contribuição criativa.
Como você se avalia?
É importante saber com antecedência, para garantir que você esteja focado **no que é importante para você**, honestamente, em vez de fazer o que os outros acham que você deveria.

MANTEN
DE AJU
PESSO

A O FOCO
AR AS
S HOJE

SAUDADE DA MÁFIA

Eu estava em Las Vegas para uma conferência, pegando um táxi do aeroporto para o hotel.

Perguntei ao motorista: "Há quanto tempo você mora aqui?".

Ele respondeu: "Vinte e sete anos".

"Uau! Muita coisa mudou desde então, né?"

"Sim. Tenho saudade da máfia."

"Hein? Como assim? O que você quer dizer?"

"Quando a máfia comandava esta cidade, era divertido. Só havia dois números que importavam: quanto está entrando e quanto está saindo. O que importa é que entre mais dinheiro do que saia, e todo mundo fica feliz. Mas a cidade inteira foi comprada por essas malditas empresas cheias de fuinhas do MBA em microgerenciamento, tentando maximizar o lucro de cada metro quadrado de espaço físico. Agora, a lanchonete que servia o meu cachorro-quente com ketchup me diz que vai cobrar 25 centavos a mais pelo ketchup! Isso tirou toda a diversão desta cidade! Sim... eu tenho saudade da máfia."

(*Claro que poderíamos levantar outras questões sobre a máfia, mas vamos deixar isso como uma metáfora e um ensinamento.*)

Contei várias vezes essa história na CD Baby. Tipos variados de pessoas com MBA me perguntavam: "Qual é a sua taxa de crescimento? Qual é a sua taxa de lucro retido como uma porcentagem do bruto? Quais são suas projeções?".

Eu respondia simplesmente: "Não faço ideia. Eu nem sei o que isso significa. Comecei como um hobby para ajudar os meus amigos, e essa é a única razão pela qual esse negócio existe. Tenho dinheiro no banco e estou bem, então não se preocupe".

Eles me respondiam que, se eu analisasse melhor, poderia maximizar a lucratividade.

Então eu contava a eles sobre o motorista de táxi em Las Vegas.

Nunca esqueça do real motivo de você estar fazendo o que está fazendo.

Você está ajudando as pessoas?

Elas estão felizes?

Você está feliz?

Você dá lucro?

Isso não é o suficiente?

VOCÊ PODE SE DAR AO LUXO DE SER GENEROSO

O seu negócio está seguro. Mesmo que não esteja, você tem que sentir que está. O dinheiro está vindo na sua direção. Você está indo bem. Você é uma pessoa de sorte. A maioria não é. Você pode se dar ao luxo de ser generoso. **Todo grande serviço vem desse sentimento de generosidade e abundância.**

Pense em todos os exemplos de ótimos serviços que você já encontrou: café de graça à vontade, permissão para usar o banheiro mesmo que você não seja cliente, leite e açúcar extra se precisar e um funcionário que passa uma hora inteira com você para responder a todas as suas perguntas.

Compare isso com todas as experiências ruins que você teve: não deixarem você usar o banheiro sem fazer uma compra, cobrarem 25 centavos adicionais pelo molho extra e vendedores que não lhe dão um minuto do seu tempo porque você não parece ter muito dinheiro. **Todo serviço ruim vem de uma mentalidade de escassez.** Eles agem como se fossem falir se não protegerem ferozmente seus resultados. O pensamento de curto prazo da sobrevivência desesperada bloqueia o pensamento de longo prazo da estratégia inteligente.

Se você se sente seguro e abundante de verdade – se sente que tem muito para compartilhar –, então esse sentimento de generosidade flui para todas as suas interações com os clientes. Dê reembolsos. Dê atenção. Aceite uma pequena perda. Você pode arcar com isso.

Claro que também tem a ver com inteligência de negócio. Perder 25 centavos em molho extra pode significar ganhar a lealdade de um cliente que vai gastar mil dólares com você nos próximos dez anos, além de dizer para vinte amigos que você é incrível.

PREOCUPE-SE MAIS COM OS SEUS CLIENTES DO QUE CONSIGO MESMO

Em uma conferência em Los Angeles, alguém na plateia me perguntou: "E se cada músico simplesmente criasse a sua própria loja no seu próprio site? Já que isso seria a morte da CD Baby, como você planeja impedir esse tipo de coisa?".

Eu respondi: "Sinceramente, não me importo com a CD Baby. Só me importo com os músicos. Se algum dia os músicos não precisarem mais da CD Baby, ótimo! Vou tirá-la do ar e voltar a fazer música".

O homem que perguntou ficou chocado. Ele nunca tinha ouvido um empresário dizer que não se importava com a sobrevivência da sua empresa.

Para mim, era questão de bom senso. Claro que você deve se preocupar com os seus clientes mais do que com você mesmo! Essa não é a regra número 1 de oferecer um bom serviço? **São eles que importam, não você**.

Mesmo empresas bem-intencionadas podem ficar acidentalmente presas no modo de sobrevivência. Um negócio é criado para resolver um problema. No entanto, se o problema fosse resolvido pra valer, aquele negócio não seria mais necessário! Portanto, a empresa mantém o problema por perto para que possa continuar a resolvê-lo mediante o pagamento de uma taxa. Qualquer pessoa que esteja no negócio para vender a cura não está motivada a se concentrar na prevenção.

É como nas grandes fábulas nas quais o herói precisa estar preparado para morrer e salvar o dia. A sua empresa deve estar disposta a morrer pelos clientes dela.

Esse é o Tao* dos negócios: preocupe-se mais com os seus clientes do que consigo mesmo, e você vai se sair bem.

---

* "Tao" significa método, doutrina, a maneira como alguém faz alguma coisa. [N. E.]

COMO SE VOCÊ NÃO PRECISASSE DO DINHEIRO

Os bancos adoram emprestar dinheiro para quem não precisa.

As gravadoras adoram contratar músicos que não precisam da sua ajuda.

As pessoas se apaixonam por outras que não dão atenção a elas.

É uma lei do comportamento humano bem estranha. E bastante universal.

Se você abrir o seu negócio como se não precisasse do dinheiro, as pessoas vão ficar mais felizes em pagar.

Quando alguém está fazendo alguma coisa por dinheiro, as pessoas podem perceber isso, **como um amante desesperado. Elas sentem repulsa**.

Quando alguém está fazendo algo por amor, sendo generoso em vez de mesquinho, confiando em vez de ser medroso, esta lei é colocada em prática: Queremos dar a quem dá.

É outro Tao dos negócios: abra a sua empresa como se não precisasse do dinheiro e provavelmente ele vai aparecer no seu caminho.

ATENDIMENTO AO CLIENTE É TUDO

Fiquei sinceramente surpreso com o grande sucesso da CD Baby. Mas fiquei ainda mais surpreso quando descobri o motivo.

Sempre que eu estava em eventos, ouvia músicos contarem a outros músicos por que tinham escolhido a CD Baby. Tinha sido o preço? Os recursos? Não. O principal motivo, de longe, era este: "Eles atendem o telefone! Eles respondem aos meus e-mails! Você pode falar com uma pessoa real!".

Quem poderia adivinhar? Apesar de todos os seus esforços em recursos, preços, design, parcerias e muito mais, **as pessoas escolhem uma empresa e não outra só porque gostam do atendimento ao cliente.**

Então eu estruturei minha empresa para atender a essa prioridade. Dos meus 85 funcionários, 28 eram de atendimento ao cliente em tempo integral.

O atendimento ao cliente não é uma despesa que possa ser minimizada. É o principal centro de lucro, como o setor de vendas. **É onde você deve colocar seus melhores funcionários.**

Contrate as pessoas mais gentis e empáticas e providencie para que elas tenham todo o tempo e os recursos necessários para deixar seus clientes muito felizes. Se elas começarem a ficar ocupadas demais, a ponto de as suas interações ficarem sucintas, é hora de contratar mais gente. Vale a pena.

É muito mais difícil conseguir um novo cliente do que fechar mais negócios com um cliente existente. As empresas se concentram em obter novos clientes, mas manter os clientes habituais entusiasmados é um investimento melhor.

CADA INTERAÇÃO É O SEU MOMENTO DE BRILHAR

Provavelmente, apenas 1% dos seus clientes em potencial se preocupam em entrar em contato com você. Então, quando o fizerem, é a sua hora de brilhar.

Três minutos de conversa vão moldar a impressão que eles têm da sua empresa, mais do que nome, preço, design ou recursos combinados. Esse é o seu momento de brilhar e ser o melhor que pode ser – para surpreendê-los, mostrando como foi legal entrar em contato com você.

Se o seu atendimento ao cliente for capacitado para ser eficiente, a mensagem transmitida será: "Na verdade eu não quero falar com você. Vamos resolver isso rápido". Faça o oposto. **Dedique alguns minutos ineficientes para conhecer quem entra em contato com você.**

Quando um músico ligava para vender seu CD, reservávamos alguns minutos para conhecê-lo. Exemplo: "Qual é o seu nome? Oi, Reza. Você tem um site? É você na homepage? Legal. Essa guitarra é uma Les Paul? Bacana! Hum, deixa eu ouvir um pouco da música. Interessante. Gostei do que você faz. Muito sincopado. Ótima batida. Mas então... o que você gostaria de saber?". Os músicos acham muito difícil conseguir que alguém ouça sua música. Então, quando alguém gasta alguns minutos escutando seu trabalho, é tão tocante que eles se lembram disso por toda a vida.

Imagine o que você faria se a sua estrela do rock favorita ligasse. Largaria tudo e daria a ela todo o tempo do mundo.

Então é assim que você deve tratar todos os que entram em contato com a sua empresa. Por que não? Não tem tempo? Arranje tempo. É assim que todo mundo merece ser tratado. Isso torna a vida melhor. Torna o trabalho mais divertido. E é a coisa certa a fazer.

PERCA TODAS AS LUTAS

O atendimento ao cliente geralmente começa quando alguém tem um problema e está irritado. Se você se sente atacado, é difícil não revidar, sobretudo quando sabe que o cliente está errado.

Mas o melhor a fazer é perder a luta. Deixe que pensem que estavam certos e que a empresa estava errada. Diga que está preparado para fazer o que for preciso para fazê-los felizes novamente.

Se você se pegar prestes a dizer ou escrever algo que seja um pouco agressivo, pare e substitua por algo humilde e generoso.

Fazer isso todos os dias, na verdade, acaba trazendo muita paz. **Agir como um anjo faz você e o cliente se sentirem melhor**. Parece uma prática diária de empatia.

Sabe aquela cena dos filmes em que alguém está dizendo uma coisa desagradável ou secreta, mas então percebe que o microfone está ligado? Então a pessoa imediatamente se endireita, se corrige e diz a coisa publicamente aceitável? Bem, o seu microfone está ligado. Não existe comunicação particular no atendimento ao cliente. Qualquer coisa que você disser provavelmente será compartilhada na internet para o mundo ver. Portanto, você deve ser sempre a melhor versão de si mesmo.

A CD Baby tinha alguns grandes evangelizadores: pessoas que constantemente recomendavam a nossa empresa em alto e bom som. Quando examinei o histórico de contatos desses clientes, vi que, na primeira vez que nos procuraram, estavam muito bravos. **Pessoas barulhentas são assim, seja reclamando ou elogiando.** Então, quando receber alguma reclamação estridente, use essa oportunidade para deixar as pessoas felizes, a ponto de elas se tornarem evangelizadoras barulhentas.

NÃO PUNA TODOS PELO ERRO COMETIDO POR UMA PESSOA

Um pequeno restaurante perto da minha casa tem grandes placas de advertência em todos os lugares:

NÓS NOS RESERVAMOS O DIREITO DE RECUSAR ATENDIMENTO A QUALQUER PESSOA POR QUALQUER MOTIVO.

NENHUM PEDIDO PODE SER ALTERADO! NÃO DAMOS REEMBOLSO!

PESSOAS SEM SAPATOS OU SEM CAMISA NÃO SERÃO ATENDIDAS.

PROIBIDO O USO DE TELEFONE CELULAR. PROIBIDO TIRAR FOTOS. PROIBIDO FILMAR.

PROIBIDO PERMANECER NO LOCAL SE NÃO ESTIVER COMENDO! BANHEIRO SÓ PARA CLIENTES!

TODOS OS QUE VIOLAREM AS REGRAS SERÃO PROCESSADOS NA MÁXIMA EXTENSÃO DA LEI.

Esse pobre empresário precisa de um abraço. Cada vez que alguém o chateia, ele pune todos os seus futuros clientes para sempre.

Quando eu tinha seis anos, frequentei uma escolinha rigorosa em Abingdon, na Inglaterra. No início do ano alguém derramou suco de uva, então eles baniram o suco de uva pelo resto do ano. Mais tarde alguém derramou suco de laranja, então o suco de laranja foi banido pelo resto do ano. Por fim, só podíamos tomar água.

Muitos anos atrás, um cara tentou colocar fogo em seus sapatos em um avião. Agora, para todo o sempre, milhões de pessoas por dia têm que fazer fila para tirar os sapatos no aeroporto, por causa daquele momento idiota.

Como proprietário de uma empresa, é tentador estabelecer uma política extravagante quando alguém causa um estrago, e você acha que isso o impedirá de ser ferrado novamente.

Um funcionário não consegue se concentrar e passa o tempo navegando na internet. Em vez de simplesmente demitir ou realocar essa pessoa para uma posição mais desafiadora, a empresa instala um caro firewall de aprovação de conteúdo para que ninguém possa acessar sites não relacionados ao trabalho.

É importante resistir a esse desejo simplista, raivoso e reacionário de punir a todos e recuar olhando para o quadro geral.

No momento você está com raiva e se concentrando apenas naquela pessoa horrível que lhe fez mal. Seu pensamento está nebuloso. Você começa a achar que todo mundo é horrível e está contra você. Esse é o pior momento para estabelecer uma nova política.

Quando um cliente errar com você, lembre-se dos milhares que nada fizeram.

Você tem sorte de ter o seu próprio negócio. A vida é boa.

Você não pode impedir que coisas ruins aconteçam. Aprenda a aceitar isso.

Resista ao desejo de punir todos pelo erro de uma pessoa.

UMA PESSOA REAL, MUITO PARECIDA COM VOCÊ

Minha amiga Sara administra um pequeno negócio on-line na sua sala de estar há doze anos. É a vida dela. E ela mesma cuida de tudo.

Na semana passada, um dos clientes lhe enviou um e-mail contundente de dez páginas, acabando com ela, chamando-a de golpista e de outros nomes cruéis, dizendo que iria processar Sara por tudo, como punição pela sua conta mal administrada.

Arrasada, Sara desligou o computador e chorou. Ela desligou os telefones e fechou a loja naquele dia. Passou o fim de semana inteiro na cama se perguntando se deveria desistir. Pensando que talvez todos os insultos no e-mail dessa cliente fossem verdadeiros, e que ela realmente não era boa no que fazia, mesmo depois de doze anos.

No domingo, ela passou cerca de cinco horas – a maior parte do dia – abordando cuidadosamente cada ponto do e-mail de dez páginas. Em seguida, visitou o site da cliente, aprendeu tudo sobre ele e ofereceu todos os tipos de conselhos, sugestões e conexões. Sara devolveu o dinheiro da cliente, mais 50 dólares adicionais, com o sincero pedido de desculpas por ter chateado alguém a quem ela estava honestamente tentando ajudar.

No dia seguinte, ela ligou para a cliente para tentar conversar.

A cliente atendeu toda alegre e disse: "Ah, não se preocupe! Eu não estava tão brava assim. Eu só estava de mau humor e **achei que ninguém iria ler o meu e-mail**".

Minha amiga Valerie se inscreveu em alguns sites de relacionamento. Ela não estava muito convicta sobre isso. Queria um homem mágico e perfeito que a arrebatasse por meio de um acaso divino.

Estávamos na frente do computador dela quando perguntei como iam as coisas. Ela entrou em sua conta e me mostrou a caixa de entrada. Havia oito novas mensagens de homens, todas elas bem escritas, descrevendo do que tinham gostado no perfil dela, afirmando que também se interessavam por fazer trilhas ou dizendo que também falavam alemão, perguntando se ela já esteve em Berlim, ou se já tinha feito trilha na Nova Zelândia.

Fiquei com pena daqueles caras. Todos eles abriram o coração, projetando suas esperanças em Valerie, aguardando que ela respondesse com igual entusiasmo, ansiando que ela fosse a mulher que finalmente veria e apreciaria o perfil de cada um.

Ela disse: "Credo. Um monte de tontos. Recebo umas dez mensagens dessas por dia", e excluiu todas, sem responder.

Quando gritamos com o nosso carro ou a nossa máquina de café, está tudo bem, porque são apenas aparelhos. Mas quando gritamos com um site ou uma empresa, usando nosso computador ou telefone, esquecemos que não é um eletrodoméstico, mas uma pessoa afetada por isso.

Não é natural ter milhares de pessoas passando pela tela do nosso computador, então **dizemos coisas que**

nunca diríamos se essas pessoas estivessem sentadas ao nosso lado.

É muito difícil lembrar que do outro lado da tela está uma pessoa real, muito parecida com você, cujo aniversário foi na semana passada; ela tem três melhores amigos, mas ninguém para sair à noite, e fica pessoalmente afetada pelo que você diz.

Mesmo que você não lembre disso agora, vai lembrar na próxima vez que estiver sobrecarregado? Ou talvez nunca mais esqueça?

VOCÊ DEVE SOFRER QUANDO NÃO ESTIVER SENDO CLARO

Disparos de e-mail são o melhor treinamento para ser claro. Na CD Baby, eu tinha cerca de 2 milhões de clientes. Se eu não fosse perfeitamente claro ao escrever um e-mail para todos, receberia 20 mil respostas confusas, o que custaria à minha equipe uma semana toda para responder, consumindo pelo menos 5 mil dólares, mais o prejuízo moral.

Mesmo que eu fosse muito claro, mas usasse mais do que algumas frases para explicar alguma coisa, receberia milhares de respostas de pessoas que só tinham lido as primeiras frases.

Escrever aquele e-mail para os clientes – eliminando cuidadosamente cada palavra desnecessária e reformulando cada frase para garantir que não fosse mal interpretada – demorava um dia inteiro.

Uma frase pouco clara? Multa imediata de 5 mil dólares. Ai.

Infelizmente, as pessoas que escrevem em sites não recebem esse tipo de feedback. Em vez disso, **quando não são claras, elas simplesmente recebem o silêncio. Muito barulho, mas nenhuma ação.**

Vejo novos sites tentando parecer impressionantes, cheios de centenas de frases desnecessárias.

Eu me sinto mal com o fato de que os indivíduos por trás desses sites não sentiram a dor de tentar enviar esse texto por e-mail para milhares de pessoas, para ver diretamente quão incompreendidos ou ignorados estão sendo.

O E-MAIL DE MAIOR SUCESSO QUE JÁ ESCREVI

Quando você cria um negócio, está gerando um pequeno mundo onde controla as leis. Não importa como as coisas são feitas em qualquer outro lugar. No seu pequeno mundo, você pode fazê-las como deveria ser.

Quando fundei a CD Baby, lá em 1998, cada pedido resultava em um e-mail automático que avisava o cliente quando o CD tinha sido enviado. A princípio, o aviso era apenas o texto-padrão "Seu pedido foi enviado hoje. Por favor, avise-nos se ele não chegar. Obrigado por comprar conosco".

Depois de alguns meses, isso parecia incongruente com minha missão de fazer as pessoas sorrirem. Eu sabia que poderia fazer melhor. Então escrevi esta coisinha boba em vinte minutos:

Seu CD foi gentilmente retirado das prateleiras da CD Baby com luvas esterilizadas e livres de contaminação, e colocado em um travesseiro de cetim.

Uma equipe de cinquenta funcionários conferiu seu CD e deu um polimento nele para garantir que estivesse nas melhores condições possíveis antes de enviá-lo.

Nosso especialista em embalagem, do Japão, acendeu uma vela e um silêncio caiu sobre a multidão enquanto ele colocava seu CD na melhor caixa forrada de ouro que o dinheiro pode comprar.

Fizemos uma cerimônia maravilhosa depois, e toda a festa marchou pela rua até o correio, onde a cidade de Portland acenou "Bon voyage!" para o seu pacote, que já está a caminho de você, em nosso jato particular da CD Baby, neste dia, sexta-feira, 6 de junho.

Espero que você tenha se divertido muito comprando na CD Baby. De verdade. Sua foto está na nossa parede como "Cliente do ano". Estamos todos exaustos, mas não vemos a hora de você voltar ao CDBABY.COM!!!

Esse e-mail bobo enviado junto com cada pedido foi tão apreciado que, se você pesquisar na internet por "jato particular da CD Baby", vai encontrar milhares de resultados. Cada um deles é alguém que recebeu o e-mail e o amou o suficiente para publicá-lo no seu site e contar a todos os amigos.

O e-mail engraçadinho trouxe milhares de novos clientes.

Quando você está buscando meios de tornar o seu negócio maior, é tentador pensar em todas as grandes ideias e criar planos de ação em massa que mudem o mundo.

Mas, por favor, saiba que **muitas vezes são os pequenos detalhes que realmente emocionam as pessoas o suficiente para fazê-las contar a todos os seus amigos sobre você.**

AS PEQUENAS COISAS FAZEM TODA A DIFERENÇA

Se você encontrar a maneira mais simples de fazer as pessoas sorrirem, **elas se lembrarão mais de você por esse sorriso** do que por todas as outras coisas sofisticadas do seu modelo de negócio.

Aqui estão algumas coisas que fizeram uma grande diferença no site da CD Baby:

Pelo fato de despacharmos os produtos via FedEx às cinco da tarde todos os dias, os clientes costumavam ligar e perguntar: "Que horas são aí? Ainda dá tempo de enviarem o meu pedido hoje?". Então, adicionei duas pequenas linhas de código de programação que contavam quantas horas e minutos faltavam até as 17 horas e depois mostrava o resultado pelas opções de envio. "Você tem 5 horas e 18 minutos até a próxima remessa da FedEx." Os clientes adoraram!

Atendemos nosso telefone em até dois toques, sempre – das 7 às 22 horas, sete dias por semana. Os telefones estavam por toda parte, portanto, mesmo que o representante de atendimento ao cliente estivesse ocupado, alguém no depósito poderia atender. A pessoa só precisava dizer "CD Baby!". Os clientes adoraram! Alguém realmente atendendo o telefone em uma empresa é tão raro que os músicos me diziam mais tarde, em conferências, que esse tinha sido o principal motivo pelo qual decidiram usar a CD Baby – eles sempre podiam falar com uma pessoa real na hora. Todos os funcionários sabiam que, desde que não estivéssemos completamente sobrecarregados, eles deveriam dedicar um minuto para conhecer um pouco o interlocutor. Pergunte sobre a carreira musical da pessoa. Pergunte como ela está. Sim, às vezes isso levava a conversas de vinte minutos, mas essas pessoas se tornaram fãs por toda a vida.

Em todo e-mail enviado está escrito "De:", certo? Por que não usar isso para fazer as pessoas sorrirem também? Com uma linha de código, fiz com que cada e-mail enviado personalizasse o campo "De:" para "CD Baby ama [primeiro nome]". Portanto, se o nome do cliente fosse Susan, todos os e-mails que ela recebesse de nós diriam que era da "CD Baby ama Susan". Os clientes amaram!

Às vezes, depois de termos dedicado 45 minutos de trabalho para adicionar um novo álbum à loja, o músico mudava de ideia e nos pedia para fazer tudo de novo com uma capa de álbum diferente ou diferentes clipes de áudio. Eu queria dizer sim, mas também deixá-lo saber que era uma coisa bem difícil de fazer. Então, elaborei uma política que fez o cliente e a minha equipe sorrirmos: "Faremos qualquer coisa por uma pizza". Se você precisasse de um grande favor especial, nós lhe dávamos o número da pizzaria do bairro onde ficava o escritório. Se você comprasse uma pizza para nós, faríamos o favor que você quisesse.

Quando contávamos isso às pessoas por telefone, muitas vezes elas riam, sem acreditar que estávamos falando sério. Mas recebíamos uma pizza de vez em quando. Muitas vezes eu ouvia de músicos que esse tinha sido o momento em que eles se apaixonaram por nós.

No final de cada pedido, a última página do site perguntava: "Onde você ouviu falar desse artista? Vamos encaminhar a ele qualquer mensagem que você escrever aqui". Os clientes sempre reservavam um tempo para escrever coisas como: "Ouvi sua música na rádio WBEZ ontem à noite. Achei vocês aqui. Eu adoraria que tocassem na nossa escola!". Os músicos amavam receber essas informações, e isso sempre fazia o cliente e o músico entrarem em contato diretamente. É uma coisa que as grandes lojas, como a Amazon, nunca fariam.

Também no final de cada pedido havia uma caixa de pergunta: "Algum pedido especial?". Uma vez alguém respondeu: "Eu adoraria um chiclete de canela". Como um dos caras do depósito ia mesmo passar na loja de conveniência, ele pegou um chiclete de canela e colocou no pacote.

Uma vez alguém disse: "Se você pudesse incluir uma pequena lula de borracha, eu agradeceria. Se não for possível, uma lula de verdade serviria". Por acaso um cliente da Coreia tinha enviado um pacote de filés de lula para a gente. Então os caras da expedição o incluíram na caixa com os CDs do outro cliente.

Mesmo que um dia você queira ser grande, lembre-se de que nunca vai precisar agir como uma empresa grande e chata.

Ao longo de dez anos, parecia que, sempre que alguém falava sobre o quanto amava a CD Baby, era por causa de um desses pequenos gestos humanos e divertidos.

LEMBRE-
NUN
PRECISAR
UMA E
GRANDE

E DE QUE
A VAI
GIR COMO
PRESA
CHATA.

DELEGAR OU MORRER: A ARMADILHA DO AUTOCUIDADO

A maioria dos empreendedores cai na armadilha da delegação.

Você está ocupado, fazendo tudo sozinho. Você sabe que precisa de ajuda, mas **encontrar e treinar alguém levaria mais tempo do que resolver você mesmo**! Então você continua trabalhando mais, até não dar conta.

Aqui está a minha pequena história a respeito de como adentrei o mindset da delegação.

Em 2001, a CD Baby tinha três anos. Eu tinha oito funcionários, mas ainda fazia todo o resto sozinho. Trabalhando das 7 às 22 horas, sete dias por semana, tudo ainda passava por mim.

A cada cinco minutos, meus funcionários me faziam uma pergunta:

- "Derek, um cara quer mudar a capa do álbum depois de já ter sido colocada no site. O que eu respondo?"
- "Derek, podemos aceitar transferência eletrônica como forma de pagamento?"
- "Derek, alguém fez dois pedidos hoje e quer saber se podemos despachar os dois juntos, e reembolsar ao cliente a diferença do custo de envio."

Era difícil fazer qualquer coisa enquanto respondia a perguntas o dia todo.

Eu senti que poderia simplesmente chegar ao escritório, sentar em uma cadeira no corredor e ficar respondendo às perguntas dos funcionários, em tempo integral.

Então atingi o meu limite. Parei de ir ao escritório e desliguei o telefone. E percebi que estava fugindo dos meus problemas em vez de resolvê-los. **Eu tinha que consertar isso, ou estaria arruinado**.

Depois de uma longa noite pensando e escrevendo, comecei a agir com o mindset de delegar.

Eu tive que me tornar desnecessário para que a minha empresa funcionasse.

No dia seguinte, assim que entrei pela porta, alguém perguntou: "Derek, alguém cujos CDs recebemos ontem mudou de ideia e quer que os CDs sejam devolvidos. Já providenciamos isso, mas ele está perguntando se podemos reembolsar a taxa de serviço, já que ele na verdade nunca apareceu no site".

Dessa vez, em vez de simplesmente responder à pergunta, chamei todos por um minuto.

Expus a situação e repeti a pergunta para todos.

Respondi, e, mais importante que isso, expliquei o raciocínio e a filosofia por trás da minha resposta.

"Sim, devolva o dinheiro dele. Vamos ter uma pequena perda. É importante sempre fazer o que deixa o cliente mais feliz, desde que não seja ultrajante. Um pequeno gesto como esse repercute muito, a ponto de ele dizer para os amigos dele que nós somos uma ótima empresa. Todo mundo sempre se lembra de que ajudar os músicos é o nosso primeiro objetivo, e o lucro é o segundo. Vocês têm minha total permissão para usar essa diretriz para tomar essas decisões no futuro. Façam o que deixar os clientes mais felizes. Façam o que for possível para que todos que lidam conosco saiam com um sorriso."

Garanto que todo mundo entendeu a resposta.

Pedi a uma pessoa que iniciasse um manual e escrevesse a resposta para essa situação específica e a filosofia por trás dela.

Então todos voltaram ao trabalho.

Dez minutos depois, nova pergunta. Mesmo processo:

1. Reuni todos ao redor.
2. Respondi à pergunta e expliquei a filosofia.
3. Fiz questão de que todos entendessem o raciocínio.
4. Pedi a uma pessoa para escrever no manual.
5. Deixei todos saberem que poderiam decidir isso sem mim da próxima vez.

Depois de dois meses assim, não houve mais perguntas.

Então mostrei a alguém como fazer a última coisa que ainda era meu trabalho. Como parte do aprendizado, os funcionários tiveram que documentar a filosofia da empresa no manual e mostrá-la a outra pessoa também. (Aprender ensinando.)

Agora eu era totalmente desnecessário.

Comecei a trabalhar em casa, sem ir ao escritório.

Eu até ensinei a eles meu processo de raciocínio e minha filosofia sobre a contratação de novas pessoas. Assim, nossos dois funcionários mais novos foram entrevistados, contratados e treinados por outros funcionários. Eles usaram esse manual para garantir que cada novo contratado entendesse a filosofia e a história da CD Baby e soubesse como tomar decisões por conta própria.

Eu ligava uma vez por semana para ter certeza de que estava tudo bem.

Estava. Eles nem tinham perguntas para mim.

Como minha equipe estava administrando o negócio, eu estava livre para, de fato, melhorar o negócio!

Mudei para a Califórnia, só para deixar claro que o andamento das coisas cabia a eles.

Eu ainda trabalhava doze horas por dia, mas agora gastava todo o meu tempo em melhorias, otimizações e inovações. Para mim, essa era a parte divertida. Isso era brincadeira, não trabalho.

Enquanto eu estava fora, minha empresa cresceu de 1 milhão para 20 milhões de dólares em quatro anos – de 8 para 85 funcionários.

Há uma grande diferença entre ser um empreendedor e ser dono de uma empresa.

Ser um empreendedor parece te dar liberdade até você perceber que, se tirar uma folga, seu negócio desmorona.

Para ser um verdadeiro empresário, certifique-se de que, se se ausentar por um ano, quando voltar, seu negócio estará melhor do que quando você saiu.

(*Se estiver interessado nessas coisas, leia um livro chamado* O mito do empreendedor, *de Michael Gerber.*)

TUDO BEM NÃO SER FORMAL

Minha política de contratação era ridícula.

Como estava ocupado demais para me preocupar, eu perguntava aos meus funcionários atuais se eles tinham algum amigo procurando emprego.

Alguém sempre respondia, então eu dizia: "Diga para ele começar amanhã de manhã. Dez dólares a hora. Ensine o serviço a ele". E era isso.

O pensamento era que é quase impossível dizer como alguém vai funcionar no trabalho até que essa pessoa esteja realmente trabalhando por algumas semanas. Então eu contratava sem chamar a atenção e demitia dessa forma também. Felizmente, não precisava demitir pessoas com frequência.

Talvez o fato de os novos contratados serem amigos de amigos tenha ajudado na parte da confiança.

Para ser justo, a CD Baby era uma loja que vendia CDs e enviava os produtos para as pessoas, então a maioria dos meus funcionários ficava no depósito. Mas eu adotei essa mesma abordagem casual quando precisei de um importante administrador de sistemas de alta tecnologia.

"Alguém tem um amigo que é bom com Linux? Sim? Ele é legal? Certo, diga a ele para começar amanhã."

Na primeira vez que fiz isso, conheci o Ryan. Na segunda vez, conheci o Jason. Os dois foram incríveis e importantes na CD Baby por muitos anos.

Não tente impressionar um júri invisível de professores de MBA. Tudo bem não ser formal.

DESISTÊNCIA INGÊNUA

Meu primeiro emprego de verdade foi como bibliotecário na Warner/Chappell Music.

Eu amava. Estava com vinte anos, tinha acabado de me formar na faculdade e de me mudar para a cidade de Nova York. Levei as coisas muito a sério e aprendi muito.

Depois de dois anos e meio, porém, decidi largar tudo para ser músico em tempo integral. (Em parte porque eu estava muito feliz lá! Tinha receio de que, se não me forçasse a desistir, nunca mais iria embora. Confortável demais.)

Como nunca havia largado um emprego antes e não sabia como, fiz o que parecia ser a coisa respeitosa e atenciosa a fazer: encontrei e treinei minha substituta.

(Não era culpa do meu chefe o fato de que eu queria pedir demissão, então por que eu deveria fazer disso um problema dele? Se eu queria sair, o problema era meu.)

Liguei para minha velha amiga Nikki, que eu sabia que seria perfeita, e ofereci a ela meu emprego com meu salário atual.

Ela ficou comigo no escritório por uma semana enquanto eu a treinava em todos as tarefas.

Depois que a Nikki aprendeu o que era preciso, fui à sala do meu chefe em uma sexta-feira à tarde e disse: "Preciso sair deste emprego, mas já treinei minha substituta. Ela é ótima. E vai assumir a partir de segunda-feira".

Meu chefe pareceu um pouco atordoado e respondeu: "Ah, então... tudo bem. Vamos sentir sua falta. Diga para ela falar com o RH sobre a papelada". E foi isso.

Dez anos depois, estou administrando minha própria empresa e, pela primeira vez, um funcionário me diz que precisa pedir demissão.

Eu disse: "Droga. Tudo bem... Eu te desejo o melhor! Quem é o seu substituto?".

Ele parecia confuso.

Esclareci: "Você já encontrou e treinou um substituto?".

Ele pareceu um pouco atordoado: "Não... acho que quem tem que fazer isso é você".

Agora quem estava atordoado era eu. Perguntei a alguns amigos e descobri que ele tinha razão. As pessoas podem simplesmente largar um emprego sem encontrar e treinar seu substituto. Eu não tinha ideia. Todos esses anos, apenas presumi que o que eu tinha feito era o normal.

Há um benefício em ser ingênuo em relação às normas do mundo – **decidir do zero o que parece ser a coisa certa a fazer**, em vez de fazer o que os outros fazem.

NÃO ADICIONE SEUS DOIS CENTAVOS

"Meus dois centavos" é uma gíria norte-americana para adicionar uma pequena opinião ou sugestão sobre uma determinada situação.

Um funcionário diz para o chefe: "Trabalhei duas semanas neste novo projeto. O que você achou?".

O chefe diz: "Bom trabalho. Talvez eu só mudasse o azul para dourado. Mude a palavra 'gigante' para 'enorme' e tire a borda. Fora isso, está ótimo!".

Agora, porque o patrão mandou, o funcionário vai ter que fazer essas mudanças.

Mas há uma grande desvantagem: o funcionário não se sente mais dono do seu projeto. (Aí você se pergunta por que falta motivação!)

Imagine o que vem a seguir no lugar do que eu acabei de lhe contar:

O funcionário diz: "Trabalhei duas semanas neste novo design. O que você acha?".

O chefe diz: "Está perfeito. Ótimo trabalho!".

Essa pequena mudança faz uma enorme diferença na psicologia da motivação. Agora essa pessoa pode se sentir responsável por completo pelo projeto, o que provavelmente levará a maior envolvimento e comprometimento em projetos futuros.

A opinião do chefe não é necessariamente melhor do que a de qualquer outra pessoa. Mas, **depois que você se**

torna o chefe, sua opinião é perigosa, porque não é mais a simples opinião de uma pessoa – é um comando! Portanto, adicionar seus dois centavos pode realmente prejudicar o moral.

Uma empresa não deve se concentrar no chefe; essa restrição é saudável. Você não deve dar sua opinião sobre tudo só porque pode.

Obviamente, se houver mais de "dois centavos" em coisas que precisam ser alteradas, essa regra não se aplica. Mas, se a sua contribuição for pequena e apenas uma opinião, segure a língua. Em vez disso, deixe a outra pessoa sentir total propriedade sobre a ideia.

PREPARE-SE PARA DOBRAR

A CD Baby dobrou de tamanho nos primeiros seis anos. Tanto em clientes quanto em lucros, também teve um crescimento de quase exatamente 100% em cada ano.

Como a empresa precisava de um depósito para os CDs, eu sempre precisava comprar mais estantes. Cada vez que o fazia, comprava o dobro do que tinha antes. O lugar sempre lotava rápido, mesmo quando ficou do tamanho de um depósito. Quando enchi um armazém de 400 metros quadrados, aluguei um de quase mil metros quadrados. Quando ele atingiu o limite, aluguei um de 2 mil metros quadrados. E esse também encheu rápido.

Mas, não importa em que negócio você esteja, é bom se preparar para o que vai acontecer se os negócios dobrarem.

Tem dez clientes agora? Como ficaria se você tivesse vinte de uma vez? Serve oitenta clientes no almoço todos os dias? O que aconteceria se 160 pessoas aparecessem?

"Mais do mesmo" nunca é a resposta. Você tem que fazer as coisas de um jeito novo para lidar com o dobro de negócios. Os processos devem ser simplificados.

Nunca seja a típica pequena empresa trágica que fica **esgotada e assustada quando os negócios estão indo bem**. Isso envia a repulsiva mensagem "Não consigo lidar com isso!" a todos.

Em vez disso, se os processos internos forem sempre projetados para lidar com o dobro da carga existente, será enviada uma mensagem atraente para todos: "Entre, temos muito espaço".

O FOCO É SER, E NÃO TER

Desde os catorze anos eu estava determinado a ser um grande cantor. Mas o alcance das minhas notas era ruim, meu tom era péssimo e todos diziam que eu simplesmente não era um cantor.

Durante onze anos, tive aulas de canto e pratiquei pelo menos uma hora por dia. Eu sempre fui o vocalista da minha banda, fazendo alguns shows por semana, obtendo o máximo de experiência possível no mundo real. O tempo todo, as pessoas ficavam me dizendo que eu não era um cantor... que eu deveria desistir e encontrar um cantor de verdade.

Quando eu estava com 25 anos, gravei meu primeiro álbum. Meu mentor ouviu e disse: "Derek, você não é um cantor. Você tem que parar de tentar. Admita que você é um compositor e ache um cantor de verdade". Mas eu nem ligava. Eu sabia que só tinha mais trabalho a fazer.

Aos 28, comecei a notar que minha voz estava ficando boa! Gravei algumas músicas novas e, pela primeira vez, gostei muito do vocal!

Aos 29, consegui. Depois de quinze anos de prática e cerca de mil shows ao vivo, finalmente eu era um cantor muito bom, pelo menos para meus próprios padrões. (Alguém que me ouviu pela primeira vez disse: "Cantar é um dom com o qual você nasce ou não. Você tem sorte. Você nasceu com ele!".)

A questão é: não é que eu quisesse conseguir **ter** bom vocal. Eu queria **ser** um grande cantor.

O mesmo vale para ser produtor: eu queria gravar meu álbum sozinho, aprender engenharia e produção de estúdio de gravação, porque pensei que seria uma coisa realmente gratificante e que me capacitaria para saber como fazer – como construir sua própria casa.

Amigos e mentores disseram que isso era ridículo, que eu deveria simplesmente contratar um grande engenheiro, um produtor e um estúdio. Fazer tudo sozinho poderia levar anos, enquanto eu poderia resolver tudo em algumas semanas se contratasse uma equipe boa.

Levei alguns anos para aprender por conta própria, e foi uma das experiências mais gratificantes da minha vida. Nos anos seguintes, também fiz toda a produção e engenharia dos álbuns de alguns amigos. Agora é uma coisa que sei fazer, e é ótimo.

O mesmo aconteceu quando quis ser um programador: quando comecei a CD Baby, sabia apenas um pouco de HTML básico, nada de programação. Mas, à medida que o site crescia, o HTML básico não funcionava mais. Meus amigos técnicos me disseram que eu tinha que fazer um sistema automatizado orientado para banco de dados ao lado do servidor.

Como eu não tinha dinheiro para contratar um programador, isso significava que eu teria que aprender sozinho. Fui à livraria e comprei um livro sobre programação PHP e MySQL. A estrada foi longa, mas eu adorei! Assim como estar no estúdio de gravação, foi maravilhoso aprender a programar a tecnologia para fazer o que eu queria e isso não ser um mistério. E foi bom ser autossuficiente.

À medida que a empresa crescia, todos ficaram surpresos por eu ainda fazer toda a programação pessoalmente. Mas, para um negócio na internet, terceirizar a programação seria como uma banda terceirizar a composição!

Não era apenas o meu negócio – era a minha criação! Não era como cortar grama – era como escrever música!

Nos últimos anos, meus funcionários se irritavam porque os novos recursos não estavam sendo adicionados tão rápido quanto eles queriam, já que eu insistia em fazer toda a programação sozinho.

Disseram que estávamos perdendo milhões de dólares em negócios porque não tínhamos certos recursos.

Mas estava tudo bem para mim. Eu amava o processo e estava feliz.

Quando você quer aprender a fazer uma coisa sozinho, a maioria das pessoas não entende. Elas assumem que a única razão pela qual fazemos qualquer coisa é para que seja feito, e fazer você mesmo não é a maneira mais eficiente.

Mas isso é esquecer a alegria de aprender e fazer.

Sim, pode demorar mais. Sim, pode ser ineficiente. Sim, pode até custar milhões de dólares em oportunidades perdidas porque o seu negócio está crescendo mais devagar, já que você insiste em fazer alguma coisa sozinho.

Mas o objetivo de fazer qualquer coisa é porque isso faz você feliz! É isso!

Você pode crescer mais rápido e ganhar milhões se terceirizar tudo com especialistas. Mas qual é o sentido de crescer e ganhar milhões? O objetivo é ser feliz, certo?

No fim, **é sobre o que você quer ser, não o que você quer ter.**

Ter alguma coisa (uma gravação finalizada, um negócio ou milhões de dólares) é o meio, não o fim.

Ser alguma coisa (um bom cantor, um empresário habilidoso ou simplesmente a pura felicidade) é o verdadeiro ponto.

Quando você se inscreve para correr uma maratona, não quer que um táxi o leve até a linha de chegada.

O DIA EM QUE STEVE JOBS ME XINGOU EM UMA PALESTRA

Em maio de 2003, a Apple me convidou para ir até a sua sede para discutir a inclusão do catálogo da CD Baby na iTunes Music Store.

O iTunes tinha sido lançado duas semanas antes, com apenas algumas músicas das grandes gravadoras. Muitos de nós no ramo da música não tínhamos certeza se essa ideia iria funcionar. Especialmente aqueles que viram empresas como a eMusic empreenderem exatamente o mesmo modelo por anos sem grande sucesso.

Voei para Cupertino pensando que me encontraria com um profissional de marketing ou tecnologia. Quando cheguei, descobri que cerca de cem pessoas de pequenas gravadoras e distribuidoras também haviam sido convidadas.

Todos nós entramos em uma pequena sala de apresentação, sem saber o que esperar.

Então surge Steve Jobs. Uau! Astro do rock.

Ele estava em modo de apresentação persuasiva completa. Tentando convencer todos nós a entregar à Apple o nosso catálogo de música. Falando sobre o sucesso do iTunes até agora e sobre todas as razões pelas quais deveríamos trabalhar com a Apple.

Jobs fez questão de dizer: "Queremos que a iTunes Music Store tenha todas as músicas já gravadas. Mesmo que seja descontinuado ou que não venda muito, queremos tudo".

O FOCO É O
QUE
NÃO O Q
QUE

QUE VOCÊ
SER,
E VOCÊ
TER

Isso era muita coisa, porque até 2003 os músicos independentes sempre tiveram o acesso negado aos grandes veículos. O fato de a Apple vender todas as músicas, não apenas músicas de artistas que assinaram seus direitos para uma gravadora, era incrível!

Em seguida, nos mostraram o software que todos precisaríamos usar para enviar cada álbum a eles. O software exigia que colocássemos o CD de áudio em uma unidade de CD-ROM do Mac, digitássemos todas as informações do álbum, os títulos das músicas e a biografia, déssemos um clique em [codificar] para copiar e [fazer upload] ao terminar.

Levantei a mão e perguntei se era necessário usar o software deles. Responderam que sim.

Perguntei novamente, dizendo que tínhamos mais de cem mil álbuns, já copiados como arquivos .WAV, sem perdas, com todas as informações inseridas cuidadosamente pelos próprios artistas, prontas para enviar aos seus servidores com suas especificações exatas.

Os caras da Apple disseram: "Desculpe, você precisa usar o nosso software. Não há outro caminho".

Aff. Isso significava que teríamos que tirar cada um daqueles CDs da prateleira novamente, colocá-los em um Mac e recortar e colar cada título de música naquele software Mac. Que fosse. Se era disso que a Apple precisava, tudo bem. Eles disseram que aguardavam que começássemos a enviar as músicas nas semanas seguintes.

Voei para casa naquela noite, postei as anotações da reunião no meu site, enviei um e-mail para todos os meus clientes para anunciar a notícia e fui dormir.

Quando acordei, recebi e-mails furiosos e mensagens de voz do meu contato na Apple.

"O que deu em você? A reunião foi confidencial! Tire essas anotações do seu site imediatamente! Nosso departamento jurídico está uma fera!"

Não houve menção de confidencialidade na reunião e nenhum acordo para assinar. Removi minhas anotações do meu site imediatamente, só para ser amistoso. Tudo estava bem, ou assim pensei.

A Apple nos enviou um e-mail com o contrato da iTunes Music Store. Nós imediatamente assinamos e devolvemos no mesmo dia. Comecei a construir o sistema para entregar a música de todos no iTunes.

Decidi que teríamos que cobrar 40 dólares por esse serviço, para cobrir nossos custos de largura de banda e folha de pagamento para retirar cada CD do depósito, inserir todas as informações, digitalizar, fazer upload e colocá-lo de volta no depósito.

Cinco mil músicos se inscreveram antecipadamente, cada um pagando 40 dólares. Esses 200 mil dólares ajudaram a pagar o equipamento extra e as pessoas necessárias para fazer isso acontecer.

Em duas semanas, fomos contatados por Rhapsody, Yahoo Music, Napster, eMusic e mais – todos dizendo que queriam o nosso catálogo. Sim! Incrível!

Talvez você não consiga compreender isso agora, mas o verão de 2003 foi o maior ponto de virada que a música independente já teve. Até então, quase nenhum grande negócio vendia música independente.

Com o iTunes dizendo que queria tudo, e seus concorrentes precisando acompanhar esse ritmo, nós embarcamos na ideia! Desde o verão de 2003, todos os músicos de todos os lugares podem vender todas as suas músicas em quase todas as lojas na internet. Você percebe quão incrível isso foi?

Mas havia um problema. **O iTunes não deu sinal de vida.** Yahoo, Rhapsody, Napster e os demais estavam todos funcionando. Mas o iTunes não retornou nosso contrato assinado. Foi porque postei minhas anotações de reunião? Eu tinha irritado Steve Jobs?

Ninguém na Apple dizia nada. Meses se passaram. Meus músicos estavam ficando impacientes e bravos. Pedi desculpas otimistas, mas também estava começando a ficar preocupado.

Um mês depois, Steve Jobs fez um discurso especial em transmissão mundial sobre o iTunes. As pessoas criticavam o iTunes por ter menos músicas do que a concorrência. Eles tinham 400 mil músicas, enquanto Rhapsody e Napster tinham mais de 2 milhões delas. (Mais de 500 mil eram da CD Baby.)

Quatro minutos depois, ele disse algo que fez meu coração disparar e meu estômago arder:

"Esse número poderia facilmente ter sido muito maior, se quiséssemos deixar entrar todas as músicas. Mas percebemos que as gravadoras prestam um grande serviço. Você sabia que, se você e eu gravarmos uma música, por 40 dólares podemos pagar alguns dos serviços para tê-la no site deles, por meio de alguns intermediários? Que podemos estar no Rhapsody e em todos esses outros canais por 40 dólares? Bem, não queremos deixar esse tipo de artista entrar no nosso site! Então, tivemos que fazer alterações. E essas são 400 mil músicas de qualidade".

116

Opa, opa. Steve Jobs acabou de me insultar com força! Sou o único que cobra 40 dólares. Era a mim que ele estava se referindo! Merda. Tudo bem. É isso. Steve mudou de ideia. Não há independentes no iTunes. Você ouviu o que o homem falou. Eu odiava a posição em que isso me colocava. Desde que abri minha empresa em 1998, oferecia um excelente serviço. Eu podia fazer promessas e cumpri-las, porque estava no controle total. Agora, pela primeira vez, tinha prometido algo que estava fora do meu controle. Então era hora de fazer a coisa certa, não importava o quanto doesse. Decidi reembolsar os 40 dólares de todos, com minhas mais profundas desculpas. Com 5 mil músicos inscritos, isso significava que eu estava **devolvendo 200 mil dólares**. Ai. Como não podíamos prometer nada, eu não podia cobrar com a consciência tranquila.

Removi todas as menções ao iTunes do meu site. Removi o custo de 40 dólares. Mudei a linguagem para dizer que não podemos prometer nada. Enviei um e-mail a todos para que eles soubessem o que tinha acontecido. Decidi tornar esse serviço gratuito a partir daquele momento.

No dia seguinte, recebemos nosso contrato assinado de volta da Apple, junto com as instruções de upload. Inacreditável.

Perguntamos: "Por que agora?", mas não obtivemos resposta.

Que seja. Maldita Apple.

Começamos a codificar e fazer o upload imediatamente. Eu, sem alarde, adicionei o iTunes de volta à lista de empresas em nosso site. Mas nunca mais prometi a um cliente que poderia fazer algo além do meu controle.

VOCÊ SÓ PR
O QUE MA
SENÃO VA
INTERESS

CISA FAZER
S GOSTA,
PERDER O
POR TUDO.

Nas primeiras semanas, eu o observei atentamente para ter certeza de que tudo estava indo bem. E estava. Então voltei minha atenção para outras coisas.

Alguns meses depois, comecei a ouvir muitas reclamações de músicos, dizendo que suas músicas não haviam sido enviadas para as empresas varejistas.

Entrei no sistema para ver o que estava errado. Acontece que não enviávamos nenhuma música para Napster, Amazon ou outras empresas fazia meses. Meses!

Liguei para o responsável e perguntei o que estava acontecendo. Ele disse: "É verdade, estou sobrecarregado. As coisas estão bem puxadas".

Eu perguntei: "Qual é a regra número um? A única missão do seu trabalho?".

Ele respondeu: "Eu sei. Um conjunto de álbuns para um conjunto de empresas toda semana, não importa o que aconteça. Mas estou sobrecarregado".

Voei para Portland e demiti o cara. Nunca demiti alguém tão rápido, mas aquilo foi demais. A reputação da nossa empresa tinha sido prejudicada de maneira permanente. Esse trabalho era tão crucial para a sobrevivência da empresa que decidi fazê-lo sozinho por um tempo. Não apenas fazer, mas construir um sistema que não deixasse os erros passarem despercebidos novamente. Assim, nos seis meses seguintes eu morei no depósito em Portland e meu único trabalho era fazer entregas digitais. Demoramos quinze horas por dia para recuperar meses de atraso, mas finalmente tínhamos um sistema tranquilo novamente.

Aprendi uma lição difícil com esse fato:

Confie, mas confira.

Lembre-se disso ao delegar. Você tem que fazer as duas coisas.

128

DELEGUE, MAS NÃO ABDIQUE

O ato de delegar não é natural para nenhum de nós. Mas eu estava tentando muito ficar bom nisso. Eu sabia que era importante acolher essa mentalidade. Eu buscava capacitar meus funcionários – para que eles soubessem que poderiam tomar decisões por conta própria, sem mim.

Quando perguntaram: "Como devemos organizar todas as salas do novo escritório?". Eu disse: "O que vocês quiserem fazer está bom".

Quando perguntaram: "Qual plano de saúde devemos escolher?". Eu disse: "Qualquer um. Escolham, e eu pago".

Quando perguntaram: "Qual plano de participação nos lucros devemos escolher?". Eu disse: "O que vocês acharem melhor".

Uma revista local elegeu a CD Baby o "Melhor lugar para trabalhar" no estado de Oregon.

Seis meses depois, meu contador me ligou e disse: "Você sabia que os seus funcionários criaram um programa de participação nos lucros?".

Respondi: "Sim. Por quê?".

Ele disse: "Você sabia que eles estão direcionando todos os lucros da empresa para si mesmos?".

Opa.

Quando cancelei o programa de participação nos lucros, me tornei um cara muito impopular. Nas nossas reuniões semanais da empresa, a mensagem geral dos funcionários era: "Precisamos tirar o Derek daqui, assim ele para de nos dizer o que fazer. Não precisamos responder a ele! Ele é que precisa responder a nós!".

Então percebi que existe uma coisa chamada "delegar em excesso". Eu tinha capacitado tanto os meus funcionários que dei a eles todo o poder. Depois de uma falha total de comunicação, eram 85 pessoas (meus funcionários) contra uma (eu). Eu me tornei o bode expiatório de todas as insatisfações deles.

Pensei em tentar reparar o relacionamento com cada um desses 85 funcionários, ao longo de centenas de horas de conversa. Mas, se você já teve um término de relacionamento, sabe que às vezes é irreparável.

Então considerei demitir todo mundo e contratar uma equipe totalmente nova. Também considerei fechar a empresa de vez, já que não estava mais gostando daquilo. Até considerei uma jogada de Willy Wonka, em que colocaria cinco bilhetes dourados em cinco CDs e depois entregaria a empresa inteira para algum sortudo.

No fim, acabei fazendo o que era melhor para meus clientes e para mim: me isolei, fiquei na casa de um amigo em Londres e me concentrei inteiramente na programação de alguns novos recursos de software importantes para a CD Baby.

Nunca mais vi ou falei com meus funcionários. Nunca mais vi o escritório.

Aprendi uma palavra importante: abdicar. Abdicar significa renunciar ou renunciar ao poder ou à responsabilidade. Essa palavra é geralmente usada quando um rei abdica do trono ou da coroa.

Lição aprendida tarde demais: delegue, mas não abdique.

130

COMO EU SOUBE QUE NÃO QUERIA MAIS MINHA EMPRESA

Eu achava que nunca venderia a minha empresa. Quando a National Public Radio fez uma reportagem sobre mim em 2004, eu disse que iria aguentar até o fim, e falei sério.

Em 2007, fiz uma reescrita, do zero, do software do site. E, cara, era um código lindo. A conquista de maior orgulho da minha vida naquela época era aquele software.

Maravilhosamente organizado, extensível e eficiente: o ápice de tudo o que eu aprendi sobre programação em dez anos.

Depois de um relançamento bem-sucedido e da correria do Natal, eu estava analisando meu planejamento para o ano de 2008 que se iniciava. Todos os meus planos exigiriam um grande esforço para pouca recompensa, mas eram necessários para o crescimento futuro. Eu o dividi em cerca de vinte projetos, cada um levando de duas a doze semanas.

Mas eu não estava animado com nenhum deles.

Eu tinha ido muito além dos meus objetivos e percebi que não tinha uma grande visão para o negócio.

Na semana seguinte, recebi ligações de três empresas, cada uma perguntando se eu estaria interessado na venda da CD Baby. Eu disse que não, como sempre, já que vinha dando a mesma resposta fazia dez anos.

131

Mas, só para ter a mente aberta, naquele fim de semana abri meu diário e comecei a responder à pergunta: "E se eu vendesse?".

Eu tinha feito isso algumas vezes nos anos anteriores, mas a resposta sempre era: "De jeito nenhum! Tem muito mais coisa que eu quero fazer! Este é meu bebê. De jeito nenhum eu me separaria dele".

Dessa vez foi diferente. Pensei que seria bom não ter 85 funcionários e toda aquela responsabilidade. Escrevi que seria bom sair um pouco e me sentir livre de tudo isso. Fiquei empolgado com todos os novos projetos legais que poderia fazer.

Percebi que **o maior e crescente aprendizado e desafio para mim era não me prender, não permanecer**.

Surpreso com isso, pedi conselhos a Seth Godin. Tudo o que ele disse foi: "Se você se importa, venda".

Acho que o ponto dele era que a minha falta de visão entusiástica estava prestando um péssimo serviço aos meus clientes. Seria melhor para todos se eu colocasse a empresa em mãos mais motivadas, que pudessem ajudá-la a crescer.

Liguei para um amigo e pedi que ele me questionasse intensamente sobre essa grande decisão. "De que outras maneiras você pode alcançar a liberdade que deseja sem vender?" Depois de uma hora de perguntas como essa, nós dois chegamos à conclusão de que eu estava mesmo decidido.

Como em qualquer separação, formatura ou mudança, você se desconecta emocionalmente e tudo parece estar em um passado distante.

Eu senti como se já estivesse na estrada carregando uma pequena caixa com minhas coisas, atravessando o país, com minha antiga vida para trás, para nunca mais ser vista.

No fim daquele dia, eu não era mais derek@cdbaby.com.

Infelizmente, como no divórcio, a papelada demorou sete meses para ficar pronta. Deixei duas empresas concorrerem e acabei escolhendo a que dera o menor lance, mas que eu sentia entender melhor meus clientes.

Nunca foi pelo dinheiro. A decisão foi tomada naquele dia introspectivo escrevendo em meu diário e conversando com amigos. Eu estava completamente livre de conflitos e sabia que era a decisão certa.

Fui para a cama naquela noite (18 de janeiro de 2008) e dormi como não fazia havia meses. E acordei cheio de ideias para minha próxima empresa, mas isso é outra história.

A razão pela qual estou contando tudo isso é porque outros empreendedores me fizeram esta pergunta algumas vezes: "Como você sabe que está na hora de vender?".

Minha resposta é: "Você vai saber", mas espero que minha história ajude a ilustrar esse sentimento.

POR QUE DOEI MINHA EMPRESA PARA A CARIDADE

Dois amigos estavam em uma festa na luxuosa propriedade de um bilionário. Um deles disse: "Uau! Olha este lugar! Esse cara tem tudo!". O outro disse: "Sim, mas eu tenho uma coisa que ele nunca vai ter: o suficiente".

Quando decidi vender minha empresa, eu já tinha o suficiente.

Eu vivo com simplicidade. Não tenho uma casa, um carro ou mesmo uma TV. Quanto menos eu possuo, mais feliz eu sou. A falta de coisas me dá a liberdade inestimável de viver em qualquer lugar a qualquer hora.

Então, eu não precisava do dinheiro da venda da empresa e nem o queria. Eu só queria ter certeza de ter o suficiente para uma vida simples e confortável. O restante deveria ir para a educação musical, já que isso tinha feito tanta diferença na minha vida.

Criei um fundo de caridade chamado Independent Musicians Charitable Remainder Unitrust (Fundo Remanescente de Caridade para Músicos Independentes). Quando eu morrer, todos os bens vão para a educação musical. Mas, enquanto eu estiver vivo, o fundo me paga 5% do seu valor ao ano.

Alguns meses antes da venda, transferi a propriedade da CD Baby e da HostBaby, toda a propriedade intelectual, como marcas registradas e software, para o fundo de caridade.

Foi uma atitude irreversível e irrevogável. Não era mais meu. Tudo pertencia ao Independent Musicians Charitable Remainder Unitrust.

Então, quando a Disc Makers comprou a empresa, não comprou de mim, mas do fundo, transformando 22 milhões de dólares em dinheiro para beneficiar a educação musical.

Em vez de eu vender a CD Baby – (ser tributado sobre a receita e doar o que sobrou para a caridade) –, esse movimento de doar a empresa para a caridade e, em seguida, fazer a caridade vendê-la economizou cerca de 5 milhões de dólares em impostos. (Isso significa mais 5 milhões de dólares destinados à educação musical.)

Além disso, o movimento de doá-lo a um fundo agora – em vez de mantê-lo até eu morrer – significa que os investimentos crescem e se acumulam isentos de impostos por toda a vida, o que novamente significa que mais dinheiro vai para os músicos no final.

Só estou escrevendo isso porque muitas pessoas perguntaram por que eu doei a empresa, então pensei em escrever minha longa explicação de uma vez por todas.

Não é que eu seja altruísta. Não estou sacrificando nada. Simplesmente aprendi o que me faz feliz. E **fazer dessa maneira me deixou mais feliz**.

Sinto uma profunda felicidade em saber que a onda de sorte que tive em minha vida vai beneficiar um monte de gente – não apenas a mim.

Tenho orgulho de saber que fiz uma coisa irreversivelmente inteligente antes que pudesse mudar de ideia.

Tenho a segurança de saber que não vou ser alvo de um processo frívolo, já que tenho muito pouco patrimônio líquido.

Tenho a liberdade de tê-lo fora das minhas mãos, então não posso fazer nada estúpido.

Mas, acima de tudo, recebo o lembrete constante e inestimável de que tenho o suficiente.

POR QUE VOCÊ PRECISA TER A SUA PRÓPRIA EMPRESA

Todos nós precisamos de um lugar para brincar.

As crianças precisam de parquinhos e escorregadores. Os músicos precisam de um instrumento. Cientistas loucos precisam de um laboratório.

E aqueles que, como nós, têm ideias empreendedoras? Nós precisamos de uma empresa.

Não pelo dinheiro, mas porque é o nosso lugar para experimentar, criar e transformar pensamentos em realidade. Precisamos buscar nossa motivação intrínseca.

Temos tantas ideias e teorias interessantes. Precisamos experimentá-las!

As pessoas mais felizes não estão descansando nas praias. Elas estão envolvidas em um trabalho interessante!

Seguir a curiosidade é muito mais divertido do que ficar ocioso. Mesmo que você nunca tenha que trabalhar um só dia na sua vida.

Esse é o melhor motivo para ter uma empresa. **É o seu parque de diversões, seu instrumento, seu laboratório.** É o seu lugar para brincar!

Tire as ideias da sua cabeça e coloque-as no mundo.

VOCÊ FAZ O SEU MUNDO PERFEITO

Comecei a CD Baby concentrado na importância de criar um sonho perfeito que se tornou realidade para os músicos.

Ao longo do caminho, aprendi a importância de tornar meu negócio um sonho realizado para mim também.

O mundo dos negócios é tão criativo quanto o das artes plásticas. **Você pode ser não convencional, único e excêntrico o quanto quiser.** Um negócio é um reflexo do seu criador.

Algumas pessoas querem ser bilionárias e ter milhares de funcionários. Algumas pessoas querem trabalhar sozinhas.

Algumas querem ser famosas no Vale do Silício. Outras querem ser anônimas.

Não importa qual objetivo você escolha, haverá muitas pessoas dizendo que você está errado.

Preste muita atenção no que o empolga e no que o esgota. Preste muita atenção em quando você está sendo a sua verdadeira pessoa e quando está tentando impressionar um júri invisível.

Mesmo que o que você esteja fazendo retarde o crescimento do seu negócio, se isso deixa você feliz, tudo bem. É sua escolha permanecer pequeno.

Você deve ter notado que, à medida que a minha empresa crescia, minhas histórias sobre ela se tornaram menos felizes. Essa foi a lição que eu aprendi. Sou mais feliz com cinco funcionários do que com 85, e mais feliz ainda trabalhando sozinho.

O que quer que você faça, é sua criação, então torne o seu sonho pessoal realidade.

Fontes DRUK, TIEMPOS
Papel ALTA ALVURA 90 G/M²
Impressão IMPRENSA DA FÉ